• Guias Ágora •

Os Guias Ágora são livros dirigidos ao
público em geral,
sobre temas atuais, que envolvem
problemas emocionais e psicológicos.
Cada um deles foi escrito por
um especialista no assunto,
em estilo claro e direto,
com o objetivo de oferecer conselhos e
orientação às pessoas que
enfrentam problemas específicos,
e também a seus familiares.

Os Guias descrevem as características gerais
do distúrbio, os sintomas, e,
por meio de exemplos de casos,
oferecem sugestões práticas que ajudam
o leitor a lidar com suas dificuldades
e a procurar ajuda profissional adequada.

Dados Internacionais de Catalogação na Publicação (**CIP**)
(Câmara Brasileira do Livro, SP, Brasil)

Harvey, Erika
　　Depressão pós-parto : esclarecendo suas dúvidas / Erika Harvey ; [tradução de Renata Bagnolesi]. — São Paulo : Ágora, 2002. — (Guias Ágora).

Título original: The postnatal depression : your questions answered
　　Bibliografia.
　　ISBN 85-7183-806-2

1. Depressão pós-parto – Obras de divulgação　I. Título. II. Série.

01-6301　　　　　　　　　　　　　　　　　　CDD-618.76

Índice para catálogo sistemático:

1. Depressão pós-parto : Ciências médicas　　618.76

Compre em lugar de fotocopiar.
Cada real que você dá por um livro recompensa seus autores
e os convida a produzir mais sobre o tema;
incentiva seus editores a encomendar, traduzir e publicar
outras obras sobre o assunto;
e paga aos livreiros por estocar e levar até você livros
para a sua informação e o seu entretenimento.
Cada real que você dá pela fotocópia não autorizada de um livro
financia o crime
e ajuda a matar a produção intelectual de seu país.

Depressão Pós-Parto
Esclarecendo suas dúvidas

Erika Harvey

ÁGORA

Do original em língua inglesa
Postnatal Depression
Copyright © 1999 by Erika Harvey
Publicado pela primeira vez no Reino Unido em 1999,
por Element Books Limited, Shaftesbury, Dorset.

Tradução:
Renata Bagnolesi

Capa:
 Ilustração: The Bridgewater Book Company
 Design: Roger Lightfoot
 Finalização: Neide Siqueira

Editoração e fotolitos:
JOIN Bureau de Editoração

Proibida a reprodução total ou parcial
deste livro, por qualquer meio e sistema,
sem o prévio consentimento da Editora.

Nota da Editora:
As informações contidas nos Guias Ágora
não têm a intenção de substituir
a orientação profissional qualificada.
 As pessoas afetadas pelos problemas
aqui tratados devem procurar médicos,
psiquiatras ou psicólogos especializados.

Todos os direitos reservados pela
 Editora Ágora Ltda.
  Rua Itapicuru, 613 – cj. 72
 05006-000 – São Paulo, SP
 Telefone: (11) 3872-3322   Fax: (11) 3872-7476
 http://www.editoraagora.com.br
 e-mail: editora@editoraagora.com.br

Sumário

Introdução		7
1	O que é depressão pós-parto?	13
2	Por que eu?	23
3	Depressão pós-parto e a família	45
4	O melhor tratamento	63
5	Cuidando de você	83
6	Enfrentando problemas nos cuidados com o bebê	105
7	Depressão pós-parto e bebês especiais	121
8	A vida depois da depressão pós-parto	135
Notas		143
Leituras complementares		145
Índice remissivo		147

Introdução

Antes de realmente segurar seu bebê nos braços, é difícil imaginar como será sua vida como mãe. Você pensa no lado prático — dar de mamar, dar banho, as horas de sono — e na dedicação — segurá-lo no colo, aninhá-lo e confortá-lo. O que você não imagina é que esse bebê pode arrastá-la para um profundo poço de terrível desespero — talvez deixando-a tão deprimida a ponto de achar que não ama seu bebê, que não quer estar com ele e que não gosta de ser mãe.

Eu certamente não esperava passar por algo do tipo. Quando engravidei do meu primeiro filho, Joseph, eu era editora de uma revista para pais. Conhecia toda a teoria, tinha todas as informações, todos os motivos para saber que era melhor agir de tal maneira em vez de outra. Já havia lido tudo o que os livros de bebê tinham a dizer sobre os primeiros dias com um recém-nascido. Senti que ingressava na maternidade totalmente preparada e com os olhos bem abertos.

Mas os acontecimentos não corresponderam aos meus planos. O nascimento de Joseph foi demorado e difícil, exigindo um parto com ventosa e muitos pontos. Estava determinada a amamentar, mas de alguma forma Joe e eu não conseguíamos acertar; tornou-se um martírio doloroso. Depois de dez dias parei de amamentar e, cheia de culpa, passei a usar o leite em pó.

Joseph não era um bebê difícil, mas chorava muito, e inconsolavelmente. Parecia que nada do que eu fazia estava certo. Sentia-me sozinha e desamparada, ansiando pela

8   *Depressão pós-parto*

companhia de um adulto. Eu nunca tinha passado muito tempo em casa, pois sempre trabalhei em período integral, e não tinha amigas por perto que também estivessem em casa com seus filhos. Meu marido estava trabalhando, bem como meus parentes mais próximos. Eu dificilmente saía, o que tornava os dias com o bebê longos e estafantes, e quando ele se aborrecia, eu ficava irritada, frustrada e deprimida.

A depressão, para mim, foi um lento percurso em direção às sombras, carregando um fardo que consumia todas as minhas energias e meu entusiasmo pela vida. Tudo era um grande esforço — até mesmo brincar com o bebê. Aos dois meses, Joe estabelecera uma rotina de sono razoável, mas eu continuava o tempo todo cansada e não conseguia dormir. Estava sensível e irritada com meu marido e em um estado constante de semi-raiva do bebê, culpando-o (sem motivos, é lógico) por ter me colocado em uma posição que eu não podia suportar.

Infelizmente, só quando voltei a trabalhar, quando Joe estava com quatro meses, consegui superar a depressão. De repente, minha energia e meu interesse pela vida haviam se renovado, e eu pude realmente começar a ter alegrias com meu bebê.

Nunca procurei ajuda profissional por causa de minha depressão, achando que não era nada de sério — e, desse modo, igualei-me a várias mães deprimidas, muitas das quais na verdade sofrem de depressão bem mais grave do que a minha. As estimativas oficiais avaliam a incidência de depressão pós-parto entre 10 e 20 por cento das novas mães, mas muitos profissionais de cuidados básicos em saúde estimam números bem mais elevados — quase 60 por cento das mães sofrem depressão em um nível mais grave do que o *"baby blues"* depois do parto. A discrepância entre essas estimativas realça o número de novas mães deprimidas que não procuram ajuda e que passam despercebidas pela rede de saúde — ou pela falta de controle pós-parto para depressão, ou porque a própria mãe se esforça em ocultar seus verdadeiros sentimentos ao médico ou aos profissionais de saúde na maternidade.

Portanto, se você está sofrendo de depressão pós-parto, certamente não está sozinha. Mas, por que a depressão pós-parto continuaria a ser um problema agora, quando as mulheres, em sua maior parte, controlam bem mais suas vidas do que as gerações passadas? Podemos planejar quando ter um bebê e aproveitar nossa independência até estarmos prontas para constituir uma família; nossos companheiros estão muito mais propensos a se envolver com o bebê e a *apoiar* a mãe na maternidade; temos inúmeras engenhocas em casa que nos facilitam a vida doméstica; e, para muitas mulheres, existe a opção de retornar ao trabalho após o nascimento do bebê, uma vez que as empresas estão se tornando bem mais flexíveis em relação à licença-maternidade, ao trabalho em regime de tempo parcial e aos horários de trabalho.

Mas, infelizmente, parece que, embora a vida moderna seja em muitos aspectos "melhor" para as mulheres do que antes, o *modo* como vivemos dificulta a adaptação das mulheres à maternidade — e os especialistas em saúde começaram de fato a considerar importante a situação social e doméstica da nova mãe e até mesmo sua constituição psicológica ao tentarem apontar com precisão aquelas que podem ser suscetíveis à depressão pós-parto. A depressão pós-parto não é mais encarada simplesmente como um problema relacionado a hormônios que se acalmarão com o tempo; agora, a depressão pós-parto está sendo levada a sério.

Embora freqüentemente ocorra acompanhada de outras características comuns à nova condição de pais, como noites sem dormir, um bebê que chora e dificuldades em amamentar, está bastante claro que é um problema que não

10   *Depressão pós-parto*

deve ser ignorado: a depressão pós-parto afeta muitas pessoas vulneráveis — a mãe, o pai e outros filhos da família. É um problema importante e pode ser aterrorizante para uma nova mãe, em parte por tratar-se de algo que vem de dentro de nós e, no entanto, está fora de nosso controle, de nossas emoções e pensamentos. Durante a depressão pós-parto, pode parecer que perdemos esse controle.

A depressão pós-parto moderada ou grave também pode durar muito mais do que problemas com choro ou amamentação. O choro devido a cólicas diminui por volta dos quatro meses na maioria dos bebês, e a amamentação costuma se normalizar por volta da segunda semana após o nascimento. Entretanto, se a depressão pós-parto não for tratada, pode demorar meses para ser superada, e muitas mulheres sentem que nunca mais voltarão a ser o que eram antes. O efeito também pode ser devastador para toda a família, colocando ambos os pais sob grande tensão, interferindo no desenvolvimento normal do relacionamento mãe/bebê e — se for depressão em virtude de um segundo parto, ou subseqüente — provocando uma reação em cadeia nas outras crianças da família.

Mas há muito o que ser feito no tocante à cura da depressão pós-parto: tratamentos que sabemos que funcionam, quer você precise de terapia à base de remédios, quer lhe sugiram um método de "conversa", como aconselhamento ou psicoterapia. Métodos alternativos e complementares também estão se mostrando bastante eficazes quando o assunto é depressão — incluindo a depressão pós-parto —, o que aumenta a gama de tratamentos oferecidos, quer você opte por um método completamente alternativo, quer combine o tratamento médico convencional com terapias complementares.

Além disso, como espero mostrar, você pode fazer muito por si mesma — ainda que essa auto-ajuda consista apenas em admitir que está deprimida e ir à procura de um médico. Você já deu o primeiro passo para se ajudar a sair da depressão — está lendo este livro...

Observação: Para evitar construções deselegantes, usei "ele" e "ela" em capítulos alternados, quando o sexo do bebê ou da pessoa é indeterminado, mas ambos referem-se aos dois gêneros. Além disso, como os sistemas de saúde variam muito nos diferentes países, usei o termo "profissional de saúde" para designar todos os profissionais habilitados envolvidos no cuidado pós-parto de uma mulher.

CAPÍTULO 1

O que é depressão pós-parto?

A profissão médica tende a classificar a depressão pós-parto como subcategoria da depressão, pois muitos dos sintomas são os mesmos. A depressão normalmente é desencadeada por um acontecimento traumático ou uma mudança em nossas vidas, como, por exemplo, perder o emprego, enfrentar um divórcio, ou após a morte de uma pessoa querida. A depressão pós-parto pode se manifestar depois do nascimento de seu filho. Ter um bebê — ainda mais o primeiro — é uma das maiores mudanças de vida pelas quais podemos passar, alterando dramaticamente a vida da mulher, bem como suas expectativas e imagem de si mesma. Por esse motivo, está claro que se trata de uma experiência que traz consigo um grande risco de depressão.

Mas a depressão pós-parto difere da depressão, em vários aspectos, por:

- estar associada a uma causa específica — isto é, a mudança de papéis, relacionamentos e situação pessoal após o nascimento do bebê;
- ser possivelmente causada pelas transformações hormonais que ocorrem próximo ao parto e nas semanas seguintes;
- estar limitada, normalmente, a um período específico — os primeiros seis meses até um ano após o parto.

Os médicos dividem o fenômeno de mudanças de humor pós-parto em três categorias: *"blues"*, depressão pós-parto propriamente dita (que varia de leve a grave) e psicose puerperal.

14　*Depressão pós-parto*

BABY BLUES

"Logo após o parto eu estava tão contente que me sentia no auge. Depois, no segundo dia, quando comecei a ter leite, murchei como uma bexiga. Sentia uma grande tristeza. Qualquer coisa me fazia chorar sem motivo."

Sharon, mãe de Bethany, seis meses.

Estima-se que 85% das novas mães passam pelo *blues* pós-parto, que também é chamado *blues* do segundo (terceiro ou décimo) dia, pois ocorre nas duas primeiras semanas após o nascimento. Está quase provado que o *blues* é causado pelas mudanças hormonais que se dão no corpo imediatamente depois do parto, quando altos níveis de hormônios, como o estrógeno e a progesterona, caem muito depressa. Os sintomas incluem baixo-astral, cansaço, dificuldades para dormir, preocupações e ansiedades repentinas, falta de concentração, falta de apetite, hipersensibilidade e irritação; mas o principal sintoma são os acessos de choro. As novas mães com *baby blues* choram por motivos insignificantes; uma mãe lembrou-se de ter caído em prantos enquanto assistia a um comercial de fraldas na televisão.

O *baby blues* não é grave, dura apenas alguns dias e desaparece duas semanas depois do nascimento. O amparo médico não é necessário; tudo que a mãe precisa é de um ombro para chorar, alguém amigo e que não a julgue. Conversar com o médico da família ou outro profissional de saúde pode ajudar, pois ele poderá lhe garantir que seus sentimentos são normais, e também lhe oferecer apoio se houver outros problemas que estejam piorando o *baby blues*, como um bebê chorão, dificuldades em amamentar ou quaisquer problemas ou preocupações familiares. Existem organizações que oferecem apoio para problemas particulares, e talvez você prefira contactá-las diretamente. Essas organizações oferecem também conselhos práticos para as mães que querem amamentar e têm profissionais treinadas em amamentação que podem ajudá-la a amamentar melhor.

PSICOSE PUERPERAL

> *"Sonia transformou-se em outra pessoa depois do nascimento de William. Seu comportamento alternava-se entre o de uma pessoa hiperativa, super-falante e obsessiva em relação ao bem-estar do filho ao de uma pessoa distante, letárgica e deprimida. Ela tinha obsessão por germes e limpava as coisas de William — o berço, os brinquedos e assim por diante — até não poder mais. Parecia convencida de que não estava cuidando direito dele e que alguém apareceria para levá-lo embora. Então começou a falar sobre pessoas que vinham em casa enquanto eu estava trabalhando, e que tentavam tirá-lo dela. Telefonei para a nossa médica. Ela foi muito atenciosa, mas ficou preocupada quando lhe contei o que estava acontecendo. Foi um grande alívio conversar com alguém que compreendesse. No dia seguinte, Sonia foi internada e permaneceu várias semanas no hospital. Depois disso, ela tomou antidepressivos e teve ajuda psicológica por cerca de oito meses."*

Douglas, pai de William, dois anos.

Trata-se da psicose puerperal ou pós-parto. Fica na outra extremidade da escala em relação ao *blues*, sendo a forma mais séria — por sorte, rara — de enfermidade depressiva pós-parto. Afeta até duas novas mães em mil, e normalmente são mulheres que têm histórico de depressão ou cuja família apresenta casos de depressão. Infelizmente, se uma mulher apresentar a psicose puerperal em uma gravidez, a probabilidade de desenvolvê-la em outras gravidezes aumenta.

Como o *blues*, a psicose puerperal costuma se desenvolver logo após o parto, quase sempre nas primeiras duas semanas e no primeiro mês. Diferentemente do *blues*, entretanto, os sintomas são graves: depressão profunda, mudanças de humor (da depressão à hiperatividade), escutar vozes, ver coisas, e perda do controle da realidade.

16   *Depressão pós-parto*

A mãe que sofre de psicose puerperal pode tornar-se doentiamente obsessiva com o bebê e seu bem-estar, pode rejeitá-lo completamente, ou pensar em prejudicar a si mesma ou ao bebê. Em casos raros, as mães colocam esses pensamentos em ação e, por esse motivo, aquelas que sofrem de psicose puerperal têm de receber tratamento urgente e podem precisar ser hospitalizadas para garantir sua própria segurança, bem como a do bebê.

No aspecto positivo, a maior parte dos casos de psicose puerperal responde a tratamento, e a maioria das pacientes melhora em cerca de três meses. O passo mais importante em casos de psicose é procurar ajuda imediatamente. Como a doença costuma se desenvolver nos primeiros dias seguintes ao parto, os sintomas são bastante óbvios para serem notados por profissionais de saúde que ainda estão cuidando da mãe e do bebê no período pós-parto. Se, entretanto, os sintomas se manifestarem mais tarde, caberá à própria mãe ou a pessoas próximas procurar ajuda. A psicose é uma doença grave; quanto antes começar o tratamento, melhor para a mãe, para o bebê e para a família.

DEPRESSÃO PÓS-PARTO

> *"Eu sentia como se estivesse vivendo em um sombrio mundo de pesadelos, onde tudo irritava meus nervos e cada movimento era um esforço. Eu fazia os movimentos das atividades — amamentar, dar banho, segurá-la no colo — mas não sentia nenhuma ligação. Eu não acreditava que a amava, embora fingisse, e me culpava pela hipocrisia. Na verdade, queria gritar: 'Levem-na daqui! Quero dormir, quero sair desta casa, quero ser eu mesma de novo'."*
>
> Felicity, mãe de Libby, um ano.

A depressão pós-parto pode começar logo após o parto, ou de seis meses a um ano depois. Embora atualmente exista pouca pesquisa a respeito das causas da depressão pós-parto, parece que há vários fatores que tornam a nova mãe mais suscetível a desenvolver a doença, o que é abordado de maneira mais detalhada no próximo capítulo. Os sintomas variam bastante (veja "Sintomas da depressão", abaixo), mas a emoção constante é um baixo-astral ininterrupto. Além disso, ocorre uma perda na capacidade de interessar-se por ou animar-se com alguma coisa, e tudo na vida torna-se de um cinza lúgubre; lidar com o bebê é difícil, e qualquer contratempo é suficiente para desencadear melancolia, frustração ou letargia. Pode haver uma raiva ou frustração irracional, às vezes direcionada ao companheiro. É normal que aconteça um afastamento de contatos sociais, e a mãe prefira ficar com o bebê, evitando deliberadamente outras pessoas.

▼ ————————————————————————————————

Sintomas da depressão

Os critérios a seguir são internacionalmente aceitos no diagnóstico de um distúrbio depressivo como a depressão pós-parto:

Sentir-se deprimida e incapaz de interessar-se por ou ter prazer em fazer qualquer coisa. Esse sintoma será constante, além de cinco ou mais dos seguintes:

- perda ou ganho de peso
- aumento ou perda de apetite
- problemas para dormir, ou dormir em excesso
- acordar cedo e não conseguir dormir de novo
- sentir-se agitada e inquieta a ponto de outras pessoas perceberem
- cansaço e perda de energia
- incapacidade de concentrar-se ou de tomar decisões
- sentir-se inútil ou culpada sem motivos
- sentir que não é uma boa mãe e que não está cuidando direito do bebê

18   *Depressão pós-parto*

- achar que tudo está recaindo sobre você
- pensar em morte e suicídio, a ponto de planejar o suicídio.

Quanto mais sintomas você apresentar além do baixo-astral, a probabilidade de sua depressão ser mais grave é maior. Na depressão leve, em geral, você estará desanimada, porém será capaz de continuar com seu cotidiano normal. Na depressão moderada, os sintomas podem ser mais evidentes para outras pessoas e normalmente fica mais difícil lidar com as atividades do dia-a-dia. Na depressão grave, a vida fica bastante afetada: é muito difícil comportar-se como de costume e os sintomas são patentes.

Se viveu esses sintomas por duas semanas sem que diminuíssem, existe grande probabilidade de você estar com depressão pós-parto. Procure conselhos médicos imediatamente. O médico terá de verificar detidamente se a depressão não foi causada por algum outro problema, e começar imediatamente um programa de tratamento.

Infelizmente, nem sempre o médico nota a depressão pós-parto, mesmo estando em constante contato com a mãe. Isso deve-se em parte ao fato de muitas mães tentarem esconder a depressão; elas não querem que ninguém descubra que não conseguem agüentar ou têm vergonha de admitir que estão deprimidas. Muitas pessoas ainda acreditam que haja algum estigma associado a ter um problema mental e, dessa forma, existe uma relutância natural em admitir que estão de baixo-astral e indefesas. Felicity admite:

"Eu sabia que não estava agüentando, sabia que estava deprimida, mas não podia me abrir com ninguém. Certamente não queria ver em meus registros médicos que perdera o controle, que um bebê tinha conseguido me derrubar. Até que um dia, sentada dentro de um ônibus vazio, pensei em deixar Libby

O que é depressão pós-parto? 19

ali — e já estava quase levantando para fazê-lo —; então percebi que precisava de ajuda. Mesmo assim, não procurei meu médico. Falei com minha parteira, e ela me indicou um grupo de apoio pós-parto local. Vocês nem imaginam o meu alívio no primeiro encontro quando descobri que não estava sozinha ao me sentir para baixo e desesperada."

Algumas vezes, a depressão pós-parto também não é notada porque alguns dos sintomas são características normais dos dias seguintes ao parto. O apetite e o peso tendem a flutuar nos primeiros dias depois do nascimento, pois você come algo quando o bebê permite. Todas as novas mães não dormem direito à noite, o que as deixa cansadas e letárgicas. Nesses primeiros dias também, muitas mães têm dificuldades de concentração ou de tomar decisões, pois, em primeiro lugar, estão cansadas e, em segundo, estão pensando em tantas coisas relacionadas ao bebê que é difícil desviar a atenção delas. São poucas as novas mães que não acham que tudo está recaindo sobre elas.

A diferença na depressão pós-parto é que esses sintomas são sentidos quase o tempo todo; outras pessoas também os perceberão, e eles virão acompanhados por outras emoções, como a sensação de inadequação, culpa, ansiedade, raiva e uma prostração ou melancolia esmagadoras.

▼

Quando não é depressão pós-parto

A depressão pode ser um sintoma de outra doença. Portanto, é sempre aconselhável consultar seu médico, mesmo se achar que está apenas um pouco deprimida. Outras doenças que podem ser confundidas com a depressão incluem:

Anemia A deficiência de ferro é comum durante e após a gravidez, pois o bebê consumiu toda a reserva de ferro enquanto estava em seu útero. Perder muito sangue após o parto também

20   *Depressão pós-parto*

pode causar deficiência de ferro. Um dos principais sintomas dessa forma de anemia é a depressão, junto com fadiga, palidez, pouco apetite, náusea, tontura e palpitações. O tratamento é feito com suplementos à base de ferro.

Distúrbio de tireóide pós-parto (tireoidite) Cerca de seis a sete por cento das mulheres sofrem de algum distúrbio da glândula tireóide após dar à luz. Estima-se que esse número corresponda a 10 por cento das novas mães que sofrem de depressão pós-parto. Com essa doença, a tireóide produz os hormônios tireoxina e triiodotironina ou a mais ou a menos, causando uma série de sintomas. Uma tireóide superativa (hipertireoidismo) pode causar mudanças de humor e ansiedade; uma tireóide pouco ativa (hipotireoidismo) causa letargia, pouca concentração e depressão. Dependendo do tipo de distúrbio de tireóide, o tratamento poderá incluir a substituição hormonal para aumentar os níveis de hormônio, ou um bloqueador, que impede a produção de hormônios. O problema em geral se normaliza por volta de seis meses após o nascimento.

Depressão induzida por drogas Esse é um efeito colateral de muitas preparações farmacêuticas. Portanto, verifique se você começou a tomar algum remédio novo que possa estar lhe causando sintomas de depressão. *Entretanto, não pare de tomar o medicamento sem consultar seu médico.* Os remédios que podem causar depressão incluem tranqüilizantes, pílulas para dormir, betabloqueadores, remédios para pressão alta, esteróides, anticonvulsivantes, antibióticos, alguns antiinflamatórios não-esteroidais e a pílula anticoncepcional oral.

Os profissionais de saúde envolvidos no tratamento da mãe e do bebê estão ficando agora muito mais cuidadosos ao verificar os sinais de depressão pós-parto. Isso significa que os *checkups* não focalizarão apenas o bebê e seu bem-estar físico, mas incluirão também perguntas sobre seu estado emocional e como você está lidando com a situação.

O que é depressão pós-parto? **21**

Podem lhe perguntar, por exemplo: que tipo de ajuda você está tendo em casa? Você tem tempo para si mesma? Tem alguma preocupação com sua saúde? Alguma vez já teve problemas de depressão? O médico pode até lhe pedir para responder um questionário com perguntas direcionadas a saber como você está se sentindo e como está enfrentando a situação. O exame é tão cuidadoso que poucas mães escapam. Essa é a hora de ser honesta consigo mesma e admitir que não está agüentando, ou se vem sofrendo algum dos sintomas delineados aqui. Não há nada de mal em admitir que nem tudo está bem.

Se os profissionais de saúde que cuidam de você não percebem sua depressão, mas você tem certeza de que está com problemas, fale com seu médico. Também tente descobrir como você se sente a seu próprio respeito, sobre sua situação, seu bebê e seu companheiro. Qual é sua principal emoção (além da depressão) — culpa, frustração ou raiva? Como essas emoções se manifestam? A quem são dirigidas? Quando é pior para você? Alguma coisa ajuda? Também seja honesta sobre os problemas de relacionamento entre você e seu companheiro, e se esses problemas já existiam antes da chegada do bebê ou se são recentes, desde o nascimento dele. Essas informações ajudarão seu médico a saber com quanta urgência você precisa de ajuda e a receitar um programa de tratamento adequado.

É importante procurar ajuda. Os profissionais de saúde têm conhecimento da existência da depressão pós-parto, de como é comum e de como pode ser prejudicial. Eles não a julgarão, nem acharão que você não é uma boa mãe, querem apenas ajudar. Sofrer em silêncio, tentar agüentar quando o problema está fora de seu controle, mascarar sentimentos, sentir-se culpada quando esses sentimentos vêm à tona, lutar para suportar os dias, todos os dias, não é a melhor receita para se começar a vida de uma família.

Por que procurar um médico?

Se você está com depressão pós-parto, é fácil deixar de procurar um médico, mas há motivos importantes para convencê-la a buscar ajuda externa.

- Sentir-se deprimida após o parto é comum e tem cura, mas pode trazer muitos prejuízos. É um problema que pode provocar uma reação em cadeia na família. Portanto, um tratamento rápido pode evitar maiores complicações. Tentar superar a depressão sozinha pode demorar mais do que se você procurasse tratamento.
- Pode haver outro motivo que esteja causando sua depressão, como anemia ou problemas de tireóide. Nesse caso, você precisará de tratamento médico.

Seu médico poderá oferecer-lhe apoio bem como um ouvido atento, e pode recomendar-lhe uma pessoa treinada para aconselhá-la, se for o caso.

CAPÍTULO 2

Por que eu?

Se você sofre de depressão pós-parto, é fácil comparar-se com outras mães e perguntar por que elas não se sentem da mesma forma que você. Por que elas tiveram a sorte de escapar do fardo da depressão, frustração e raiva, e você não? O que as torna diferentes?

A resposta é simples, todos são diferentes: a vida, a história e a personalidade de cada um são únicas, e essas coisas é que se relacionam ao fato de ficarmos ou não deprimidos. Vamos ver alguns exemplos.

Laura e Stephanie se encontravam na mesma situação quando tiveram o primeiro filho. As duas esperaram até os trinta anos para constituir família. Ambas tinham carreiras satisfatórias, gostavam do trabalho e pretendiam voltar a trabalhar logo após a licença-maternidade. Os maridos as apoiavam e não havia problemas financeiros. Nos dois casos, o bebê era muito desejado e planejado pela família. Laura desenvolve a depressão pós-parto; Stephanie não.

Charlie e Tonya são mães solteiras, as duas com 18 anos. Elas moram sozinhas com os bebês em espaços alugados; nenhuma trabalha e o dinheiro é pouco. Elas têm pouco a ver com os pais dos bebês e têm um contato mínimo com eles, o que as deixa contentes. Não há outros namorados em cena. Charlie não teve dificuldades durante o primeiro ano do bebê; Tonya ficou gravemente deprimida.

As diferenças entre esses dois grupos de mulheres estão nos aspectos de sua personalidade e situação, que podem não ser imediatamente aparentes. Laura, por exemplo, está acostumada a controlar sua vida. Ela é gerente de departamento de uma grande instituição financeira e se orgulha em dirigir o departamento com precisão. Stephanie é *designer*

24 *Depressão pós-parto*

têxtil de uma pequena empresa e gosta de ter muita liberdade na maneira de trabalhar. Laura não teve o parto que gostaria de ter tido. A data programada foi ultrapassada em duas semanas, o parto foi induzido e finalmente o bebê nasceu de cesárea. Alguns dias depois, ela desenvolveu uma infecção uterina. Além dos pontos da cesárea e da infecção, Laura achou o amamentar desconfortável e teve dificuldades em fazer com que o bebê se interessasse em mamar. Começou a achar que a situação estava fugindo de seu controle, que não conseguia fazer nada certo, e que o bebê não gostava dela.

Stephanie, por outro lado, começou a sentir naturalmente as contrações e o bebê nasceu de parto normal, apesar da episiotomia para ajudar o bebê de 4 quilos a vir ao mundo. O bebê aceitou o seio imediatamente, e Stephanie tornou-se mãe de maneira confiante e relaxada.

Embora Charlie não tenha um companheiro, ela tem uma família que a apóia e é amorosa, além de morar perto. Tem mais duas irmãs, uma casada, com filhos, e outra que costuma trabalhar como babá. Além disso, a mãe de Charlie não trabalha, ficando à disposição da filha com regularidade, e já lhe havia dito que ficaria com a criança caso ela quisesse trabalhar.

Tonya cresceu em orfanatos e não tem contato com a família. Sua mãe tinha problemas mentais e ela foi para o orfanato aos seis anos para garantir sua própria segurança. Como já se mudou muito desde os dezesseis anos, não tem amigos chegados; portanto, não há ninguém para apoiá-la, a não ser as assistentes sociais, que lhe telefonam regularmente, mas Tonya desconfia delas. As chances de Tonya conseguir um emprego são mínimas e ela está achando cada vez mais difícil viver com benefícios da Previdência Social. Seu bebê é o centro de sua vida, mas ela não se considera uma boa mãe. Como Tonya afirma: "Eu o amo, mas sinto pena dele por ter uma mãe como eu. Gostaria que ele tivesse se saído melhor".

O que essas mulheres mostram é que existem muitas variáveis envolvidas quando se é acometida pela depressão pós-parto. Essas variáveis recaem em três categorias: fatores biológicos, fatores sociais e personalidade/constituição psicológica.

FATORES BIOLÓGICOS

Na depressão pós-parto, existem duas maneiras biológicas de abordar o que está acontecendo com o corpo e como isso pode desencadear o problema.

Em primeiro lugar, há o papel das substâncias químicas no cérebro, responsáveis por regular o humor. Essas substâncias químicas são chamadas neurotransmissores, pois transmitem mensagens sobre nossos pensamentos, sentimentos, impulsos e decisões — bem como quando dormir, comer, e assim por diante — de uma célula nervosa (neurônio) a outra. Acredita-se que os principais neurotransmissores envolvidos na depressão sejam a serotonina, a noradrenalina (norepinefrina) e a dopamina. Os remédios antidepressivos se direcionam para agir nesses neurotransmissores, uma vez que as pesquisas têm indicado que os níveis dessas substâncias químicas costumam ser mais baixos em pessoas sofrendo de depressão. (Para saber mais como agem essas drogas, consulte o Capítulo 4.)

Na depressão pós-parto, entretanto, as alterações nos níveis de hormônios após o parto também podem desencadear o problema. Como já mencionado no Capítulo 1, desequilíbrios nos hormônios da tireóide após o parto equivalem a cerca de 10 por cento das mulheres que sofrem de depressão pós-parto. Outros hormônios sobre os quais há evidência de ligação com a depressão são os hormônios

26　*Depressão pós-parto*

femininos estrógeno e progesterona, e o hormônio do estresse, o cortisol.

Estrógeno e progesterona: os hormônios femininos

O estrógeno e a progesterona são responsáveis primariamente por regular o ciclo reprodutor feminino. O estrógeno costuma estar presente em pequenas quantidades no corpo durante todo o ciclo, aumentando ligeiramente próximo à ovulação e depois desaparecendo com a chegada da menstruação; os níveis de progesterona aumentam dramaticamente próximo à ovulação e depois quase somem com a chegada da menstruação.

Assim que o óvulo é fertilizado, esses hormônios entram em ação para assegurar a gravidez: o estrógeno é necessário para amadurecer o óvulo fertilizado; a progesterona garante que o óvulo se implante na parede uterina, e depois mantém a gravidez em andamento. Os níveis de ambos os hormônios permanecem altos durante a gravidez; a progesterona, por exemplo, aumenta cerca de 50 vezes mais na gravidez do que seu pico durante o ciclo menstrual normal.

Imediatamente após o parto, entretanto, os níveis desses hormônios caem drasticamente à medida que o corpo entra em uma fase de descanso, proporcionando-lhe um período de recuperação. Durante essa fase, a mulher não ovula. Pode demorar de seis a oito semanas depois do nascimento para a menstruação voltar; se a mulher estiver amamentando normalmente, a fase de descanso dura até a interrupção da amamentação. O que significa que os níveis de estrógeno e progesterona permanecem muito baixos durante toda essa fase, alcançando os níveis anteriores à gravidez apenas quando a mulher volta a ovular.

Esses hormônios femininos parecem ter um efeito sobre nosso humor. As mudanças no nível de estrógeno no período pré-menstrual, por exemplo, têm sido associadas com a depressão e irritabilidade da síndrome pré-menstrual (SPM). Muitas mulheres acreditam que a ingestão de suplementos de estrógeno ajudam a superar esses sintomas desagradáveis, e a terapia à base de substituição hormonal também pode ajudar mulheres que passam pela menopausa, quando a produção dos hormônios femininos diminui.

É de especial interesse uma recente experiência britânica (1) que usou o estrógeno com sucesso para combater a depressão pós-parto nas primeiras 12 semanas após o parto. Foram escolhidas mulheres que desenvolveram logo a depressão, particularmente por ser mais provável, nesse estágio, que a depressão esteja ligada ao desequilíbrio hormonal. Foi uma das primeiras experiências com essa abordagem; portanto, os resultados são preliminares; ainda estamos longe de poder adotar como rotina a ingestão de estrógeno para tratar a depressão pós-parto, especialmente porque parece que o problema nem sempre é desencadeado por hormônios.

Com relação à progesterona, sugeriu-se que os altos índices desse hormônio no corpo durante a gravidez estejam ligados aos sentimentos de serenidade que as mulheres normalmente vivem nesse período. Pesquisas concluíram que a progesterona pode bloquear a produção de monoamina oxidase, a enzima cerebral responsável por decompor os hormônios neurotransmissores que nos fazem sentir bem, como a serotonina e a noradrenalina (norepinefrina); ao bloquear a monoamina oxidase, mais substâncias químicas que nos fazem sentir bem ficam circulando pelo cérebro.

Grande parte do trabalho sobre o papel da progesterona na depressão pós-parto foi realizado pela dra. Katharina Dalton, especialista britânica nessa abordagem referente à tensão pré-menstrual e à depressão pós-parto. Ela usa a progesterona como preventivo para as mulheres que já sofreram de depressão pós-parto em outra gravidez.

28   *Depressão pós-parto*

O tratamento é injetável, seguido de supositórios de progesterona, e começa imediatamente após a saída da placenta. Em seu livro, *Depression After Childbirth* (Depressão após o parto), a dra. Dalton dá todos os detalhes sobre o tratamento de progesterona e, baseando-se em vários estudos, sustenta uma taxa de sucesso de 90-92 por cento em impedir a recorrência de depressão pós-parto em gravidezes subseqüentes. Entretanto, a profissão médica ainda não se convenceu do tratamento com progesterona, embora existam alguns estudos independentes que mostrem possíveis ligações. Em um estudo publicado no *British Medical Journal* (2), por exemplo, os pesquisadores descobriram que mulheres com os maiores níveis de progesterona pré-natal e menores níveis após o parto eram mais propensas a sofrer de *baby blues* nos dias seguintes ao nascimento.

Cortisol: o hormônio do estresse

Esse hormônio é produzido pela glândula supra-renal e é responsável por manter equilibrados os níveis de pressão sangüínea e de açúcar no sangue — e portanto os níveis de energia —, bem como estimular a habilidade do corpo em lidar com o estresse. As pesquisas descobriram que, perto do final da gravidez, os níveis de cortisol e de um outro hormônio que libera o cortisol são muito maiores do que os normais, pois o corpo se prepara para o estresse e rigor do parto. Depois do nascimento, os níveis de cortisol diminuem drasticamente à medida que o corpo se auto-regula — e os baixos níveis de cortisol estão associados à depressão. Embora no momento não haja evidências suficientes para se afirmar com certeza se o cortisol tem influência na depressão pós-parto, é possível que o *baby blues* e a depressão dos primeiros dias depois do parto sejam desencadeados pela falta desse hormônio, combinada com outras alterações hormonais.

ASPECTOS SOCIAIS DA DEPRESSÃO PÓS-PARTO

As mudanças em nossa constituição hormonal durante a gravidez e logo após o parto sempre aconteceram como parte do processo natural do nascimento; portanto, não bastam para explicar por que a depressão pós-parto é um problema crescente na atualidade. O que mudou durante os últimos 50 anos foi a situação social em que as mulheres estão se tornando mães. Cada vez mais, os especialistas da área estão procurando na nova situação social da mulher respostas para descobrir por que algumas mulheres desenvolvem a depressão pós-parto e outras não, e sugerem os seguintes fatores que parecem exercer uma forte influência no desenvolvimento da depressão pós-parto.

Falta de apoio

As mulheres podem tornar-se muito isoladas hoje em dia, e acredita-se que esse isolamento seja um dos mais importantes fatores para a elevação da taxa de incidência de depressão pós-parto. Não pode ser coincidência que o problema seja crescente nos países altamente industrializados, excluindo o Japão, onde a incidência é baixa. Mas, no Japão, ainda é costume que a nova mãe passe os primeiros meses após o parto com sua própria mãe. A nova mãe imediatamente recebe apoio, companhia e portas abertas em um sistema tradicional que vem funcionando bem para novas mães há séculos.

No passado, as mulheres criavam seus bebês de uma maneira diferente da atual — a menos que você venha de uma família grande e próxima. As garotas eram rodeadas pelas tias, irmãs e primas jovens; elas viam bebês sendo amamentados e observavam as mães lidar com bebês chorões e sobreviver a noites sem dormir; também aprendiam a cuidar dos bebês quando necessário, e as filhas mais velhas costu-

30 *Depressão pós-parto*

mavam ajudar as mães ocupadas a cuidar dos irmãos menores. Por esse motivo, as garotas ficavam à vontade com crianças novas e tinham, em primeira mão, uma visão de diferentes formas de cuidar do bebê. Então, quando uma mulher tinha seu próprio bebê, sua mãe e outras mulheres da família vinham ajudá-la durante as primeiras semanas, meses e anos, e os pais podiam — e o faziam — colocar-se em posição secundária no cuidado dos filhos.

Hoje em dia somos mais móveis: os casais se mudam de sua cidade natal para procurar empregos ou habitações melhores e acabam tendo apenas um ao outro para se apoiar depois do nascimento do bebê. Mesmo se você ainda morar perto da família, as mães, tias e irmãs provavelmente estarão trabalhando. Também há uma tendência, agora, de guardar nossa privacidade a sete chaves: problemas do bebê como choro, doenças e noites sem dormir são guardados em uma redoma, longe dos olhos dos outros, por um casal que provavelmente tem muito pouca experiência em lidar com um bebê.

As experiências de Jan como nova mãe salientam as mudanças que acontecem:

"Eu tinha uma vida social agitada até meu filho Darry nascer", relembra ela. "Trabalhava como corretora de seguros e estava acostumada a conhecer pessoas, conversar, almoçar, e assim por diante. Tudo isso mudou. Fiquei presa em casa, minha família morava quase cem quilômetros distante, eu realmente não conhecia ninguém e não tinha uma amizade próxima com ninguém das minhas aulas pré-natais."

Jan percebeu que o lugar onde moravam não era ideal para alguém ficar em casa o dia todo sem carro, procurando diversão para um bebê pequeno:

"O fato de ser uma área residencial silenciosa nos arredores da cidade foi um ponto a favor quando compramos a casa, mas ainda não tínhamos Darry. Era uma boa caminhada de 50 minutos até o centro, e os ônibus eram poucos

e passavam com intervalos grandes. Havia uma lojinha na esquina, um pequeno parque e quase dois quilômetros de distância entre as casas. Eu andava pelas ruas empurrando o carrinho sentindo-me frustrada e entediada, desejando poder voltar a trabalhar."

Jan ficou muito deprimida e irritada com sua situação:

"... embora eu realmente escondesse a raiva. Eu achava que não tinha vida própria, que havia me tornado apagada e desinteressante. Não sentia vontade de fazer nada — até trocar de roupa de manhã era um sacrifício, e algumas vezes ficava de penhoar o dia todo. Fui até a clínica, mais por temer que eles pudessem suspeitar que havia um problema se eu não fosse. Estava ressentida com meu marido, Derek, que parecia ter tudo. Tinha o carro, o trabalho, saía de casa e encontrava as pessoas. Eu não ficava brava, nem gritava com ele — na verdade, fazia o oposto. Quase não conseguia conversar com ele ou escutá-lo, ou olhar para ele, e certamente não queria ser tocada. Nossa vida sexual se desgastou completamente.

Quando Darry estava com seis meses, voltei a trabalhar. Não fazia parte do plano original, mas eu sabia que tinha de voltar. Fiquei muito confusa, pois queria estar com Darry, mas também sabia que seria uma mãe melhor se tivesse um pouco de espaço para mim mesma. Ainda demorou algum tempo para eu superar a depressão, pois me sentia culpada por não estar em casa com ele, mas sei que fiz a escolha certa. Acho que a volta ao trabalho me salvou — e também a meu casamento."

As pessoas a quem mais provavelmente recorremos para pedir conselhos e companhia são, é claro, nossa família. Mas ajuda e apoio também podem vir de outras direções: de amigos, de outras mães com crianças novas, de profissionais de saúde que aconselham, da clínica da mãe e do bebê, ou de clubes para pais com filhos novos. Também pode vir de sua igreja ou culto religioso, ou de vizinhos e outras pessoas de sua comunidade local. Se tiver um bom relacionamento com a família de seu companheiro, a ajuda também pode vir daí.

"Eu não tinha tido muito contato com a família de Nick antes da chegada do bebê", diz Pat, "mas a mãe dele veio ajudar, pois a minha não podia, e ela foi

32 *Depressão pós-parto*

magnífica. Sabia que eu não gostava de ter a casa suja, então limpava tudo, passava aspirador, lavava a roupa, enquanto eu descansava. Também gostei muito por ela não ter interferido — apenas ajudado. Então, quando fiquei um pouco deprimida, foi no ombro dela que desabafei."

Entretanto, a pessoa realmente mais importante para apoiá-la é seu companheiro. Embora a maioria dos homens atualmente queira se envolver no cuidado com o bebê, infelizmente ainda há muitos que acreditam que cabe à mulher fazê-lo; alguns até ajudam, mas reclamando, no trabalho doméstico. Como uma mãe admite:

"Duvido que ele tenha trocado alguma fralda. Ele apenas me diz que 'o bebê fez alguma coisa'. Ele não cozinha. Não limpa. Não levanta à noite. Diz que trabalha fora e que o meu trabalho é cuidar da casa e do bebê. Depois fica admirado por eu estar deprimida."

Falta de uma relação de confiança

Parte do apoio à nova mãe é estar ao seu lado quando ela precisa desabafar seus problemas, e parece que a pessoa mais indicada é seu companheiro — pois ela sabe que essa pessoa, além de estar envolvida emocionalmente, investiu tanto na situação quanto ela mesma. Não ter esse tipo de confidente é outro fator de risco no desenvolvimento da depressão pós-parto — identificado em mães solteiras e nos casais que enfrentam dificuldades no relacionamento.

Ter um recém-nascido em casa é emocionalmente um trabalho árduo e, com o primeiro filho, você também está aprendendo a ser mãe. Você não pára de tentar adivinhar as necessidades de seu bebê e realizá-las. Se o bebê chora e nada do que você faz parece acalmá-lo, é comum você achar que não está atendendo essas necessidades, apesar de estar se esforçando ao máximo. O choro é um dos maiores problemas: nos primeiros dias de vida, o bebê pode chorar como se estivesse sentindo dor, e normalmente nada do que você faz diminui seu desconforto ou faz com que pare de chorar. É nesses momentos que as mães costumam precisar de alguém em quem se apoiar para confirmar que tudo está bem ou — se parece haver um problema — para ajudá-la a decidir telefonar para o médico.

Cuidar do bebê é uma atividade de 24 horas que pode trazer muita frustração, melancolia e até mesmo tédio. Por esse motivo, as novas mães precisam ter com quem conversar sobre seus sentimentos mais íntimos, sentir-se capaz de dizer: "Estou muito deprimida hoje. O bebê chorou quase a manhã toda e depois regurgitou a mamada no carpete. Temi que algo estivesse errado e achei que não estava fazendo nada certo". Isso muitas vezes significa falar sobre sentimentos dos quais a mãe talvez sinta vergonha — como irritação em relação ao bebê, frustração, falta de esperança, culpa —, e ela precisa ser capaz de falar sobre esses sentimentos sem ser julgada.

Mas dar apoio emocional é algo que não deixa os homens muito à vontade. Eles não estão acostumados a conversar sobre problemas emocionais e tendem a tentar uma abordagem confiante dando conselhos:

"Parei de me desabafar com Tony quando estava de baixo-astral", diz Elaine, mãe de dois filhos. "Ele sempre achava que tinha de encontrar uma solução e me dizer o que fazer. Mas seus conselhos eram muito inadequados e distantes da verdadeira realidade diária de estar com as crianças."

Algumas vezes, o novo pai também não está disposto a dar o apoio emocional que sua parceira necessita.

"Jack tinha trabalhado a semana toda, incluindo o sábado. Depois anunciou que iria jogar golfe no domingo, o que significava o dia inteiro fora", lembra Jane, durante as primeiras semanas com a filha Holly. "Ele parecia não fazer a menor idéia de como eu me sentia — imagino que acreditasse que eu estava adorando ficar em casa fazendo nada o dia inteiro. Mas eu quase arrancava meus cabelos para que o domingo chegasse e eu tivesse com quem dividir o

34   *Depressão pós-parto*

bebê, para que tudo não ficasse nas minhas costas. Quando falou sobre o golfe, senti vontade de arrancar-lhe os olhos."

Dificuldades financeiras

Ter preocupações financeiras deprime qualquer pessoa, mas, ter ainda um bebê para sustentar pode aumentar rapidamente as chances de desenvolvimento da depressão pósparto. A chegada de um filho normalmente traz junto problemas financeiros porque, de repente, o rendimento da família é dividido. Em alguns casos mais graves, o pai pode estar desempregado ou ter sido despedido próximo à época em que o bebê nasceu — um golpe duplo para a nova família, o que também aumenta a probabilidade de o pai ficar deprimido.

Costuma-se dizer que bebês custam caro, e é verdade que necessitam de uma série de equipamentos básicos, desde roupas e fraldas até carrinho, berço e cadeira de automóvel, e isso sem falar de toda a parafernália que os fabricantes tentam vender alegando que é necessária para o bebê moderno. Queremos o melhor para os nossos filhos, e pode ser difícil ver outros cheios de equipamentos novos que você não tem condições de comprar para seu recémnascido. Isso causa uma tensão tanto no orçamento familiar quanto em seus sentimentos de amor-próprio e, no final, pode atrapalhar sua relação com o bebê. Entretanto, vale a pena lembrar que é possível adquirir bons equipamentos de segunda mão por um valor bem inferior ao preço do novo. Procure anúncios no jornal e também pergunte aos conhecidos.

Preocupações financeiras também podem significar mais horas de trabalho para o pai, e pesquisas recentes tendem a confirmar esse fato: um estudo no Reino Unido encontrou um em quatro pais com nova família trabalhando 50 horas por semana (3). Além disso, a maioria dos empregados não encara muito bem a licença-paternidade (em algumas empresas, o fato é até visto como falta de compromisso com o emprego). É por isso que alguns pais tiram uma ou duas semanas de férias após o parto e depois retornam ao trabalho. Para homens que têm seu próprio negócio, pode não existir a possibilidade de o pai tirar alguns dias livres. Inevitavelmente, isso significa que, desde o início, a mãe se encontra sozinha em casa por longos períodos, enfrentando a maioria dos problemas e preocupações nos cuidados com o bebê.

Como as novas mães passam muito tempo em casa, não é de surpreender que exista uma forte associação entre não morar bem e depressão pós-parto. Se você tem problemas com a casa — como aquecimento inadequado, umidade, bolor e infestação de animais nocivos —, se não tem jardim ou nada diante de sua porta que a incite a sair com o bebê, fica difícil não se sentir frustrada e melancólica.

Dificuldades de relacionamento

Como seu companheiro é tão fundamental para suas necessidades de apoio e confiança emocional, é evidente que fissuras existentes nesse relacionamento aumentarão a probabilidade da depressão pós-parto. Elas também podem exacerbar sentimentos de baixa auto-estima, culpa e raiva. Esse tipo de dificuldade vai além de frustrações como "ele não faz nada em casa"; é aí que o relacionamento perdeu a proximidade e ameaça desmoronar.

Algumas vezes, esses problemas já existiam antes de o bebê chegar, e as pressões de cuidar de um recém-nascido os trazem à tona. Pode ser que o bebê tenha sido uma tentativa de resgatar o relacionamento, embora seja difícil dar certo, pois uma criança na verdade aumenta a tensão. As dificuldades no relacionamento também podem se desenvolver após o nascimento do bebê, por uma série de

36 *Depressão pós-parto*

motivos. Em alguns casos, o novo pai fica com ciúmes por sua companheira estar tão preocupada com o bebê que parece não lhe sobrar espaço: "Ela fica totalmente envolvida com o bebê. Fui excluído", disse um pai.

O sexo normalmente é um assunto delicado em que muitas de nossas inseguranças podem aparecer. Uma mulher pode achar que, depois de ter assistido ao parto, o homem não vá mais achá-la atraente. Também pode se preocupar com seu corpo, achando que o parceiro o sentirá diferente durante a relação. Demora um tempo até o corpo voltar ao que era antes da gravidez, e possíveis estrias e ganho de peso também podem fazer com que uma mulher se preocupe mais com seu corpo.

Entretanto, existem vários outros motivos que fazem com que a nova mãe perca o interesse em sexo. Nas semanas seguintes ao parto, o corpo da maioria das mulheres não está fisicamente pronto para a relação sexual. Depois, é a vez do cansaço. Como Elaine sucintamente expressa:

"Fiquei exausta durante os quatro primeiros meses, pois Danny não dormia direito. Quando me deitava na cama, eu queria apenas dormir."

Além disso, um dos sintomas da depressão pode ser a perda da libido, e mesmo se estiver somente ligeiramente deprimida, você pode não ligar para o sexo. Isso pode causar um conflito no relacionamento, especialmente se o pai estiver se sentindo inseguro sobre seu lugar e papel, agora que o bebê chegou. Alguns homens também acham difícil reconciliar a idéia de sua companheira ser tanto amante quanto mãe.

Com a depressão pós-parto, os novos pais podem ter um importante papel para manter o equilíbrio de uma forma ou de outra. Pode parecer um pesado fardo para o novo pai em um momento no qual ele também está tentando se encontrar, mas é importante saber que os homens

Por que eu? 37

certamente não são meros espectadores na família; eles são imprescindíveis ao seu bem-estar e desenvolvimento em uma unidade feliz e harmônica; e as companheiras precisam muito da ajuda deles em uma fase da vida tão cheia de desafios.

Depressão na gravidez

Muitos profissionais de saúde acreditam que a depressão antes do parto seja um problema comum, porém subestimado, e vários estudos descobriram que uma grande porcentagem de mulheres que alegam estar deprimidas na gravidez desenvolvem a depressão pós-parto. Nesses casos, a depressão pós-parto pode ser parte de um problema de depressão já existente.

Se você ficar deprimida durante a gravidez, é vital procurar rapidamente a ajuda do médico para que o problema possa ser tratado. O tratamento dependerá do quão deprimida você está, mas é mais provável que lhe seja indicado aconselhamento ou psicoterapia. Se precisar de antidepressivos, seu médico escolherá aquele que menos afete o bebê e receitará as menores doses possíveis para controlar seus sintomas. Também existem terapias complementares ou alternativas que você pode experimentar. Mas é importante consultar um médico e não se automedicar durante a gravidez.

Se optar pela psicoterapia, é aconselhável continuar com o tratamento depois que o bebê nascer. Seu médico também poderá receitar antidepressivos após o parto em complemento à psicoterapia, e acompanhará de perto seu progresso pós-parto.

VOCÊ, UM INDIVÍDUO

Finalmente, há os motivos pessoais e individuais que podem desencadear a depressão pós-parto, aqueles aspectos que

38   *Depressão pós-parto*

dependem de seus antecedentes e de sua constituição psicológica. Talvez o fator mais importante aqui seja a existência de **casos de depressão em sua família** e se **você já sofreu de depressão antes.** Outros indicadores que também parecem significativos são os seguintes.

Complicações durante a gravidez, no parto e no período imediatamente pós-parto As chances de depressão pós-parto aumentam se você não vivenciou uma gravidez normal, se teve um parto traumático e problemas de saúde logo após o parto.

Complicações na gravidez incluem ameaças de aborto, pré-eclâmpsia, nascimento prematuro e bebê com pouco peso. Esses problemas podem fazer com que a mãe fique muito ansiosa e estressada durante a gravidez, o que pode causar a depressão antes do parto ou, mais tarde, a depressão pós-parto.

Parto difícil inclui parto induzido e partos que resultam em intervenções, como por exemplo o uso do fórceps ou cesariana. Um estudo realizado no Reino Unido sobre mães deprimidas descobriu que cerca de 55 por cento delas tinham passado por alguma forma de intervenção obstétrica.

Ainda não entendemos claramente por que esses fatores podem acarretar a depressão pós-parto imediata, embora talvez seja porque a recuperação de um parto envolvendo intervenção médica costumar demorar mais do que a de um parto normal. Do lado psicológico, muitas mulheres acham que falharam se não conseguem ter um parto "normal", sem intervenção médica. Também existe a questão do controle: se há muitos médicos durante o parto, a mulher pode achar que eles assumiram o comando sobre seu corpo e sobre o bebê. Muitas mulheres falam que se sentem fora de controle quando isso acontece no parto, o que pode causar uma série de sentimentos difíceis de lidar. Dessa

Por que eu? 39

forma, muitas mulheres que começam a ser mães levam consigo sentimentos de fracasso, ansiedade, até mesmo humilhação e raiva, que podem desencadear, mais tarde, a depressão quando se vêem diante dos problemas cotidianos da vida com o bebê.

Embora vários esforços tenham sido feitos para diminuir as taxas de intervenção médica no parto, muitos profissionais de saúde e veteranos acreditam que isso ainda ocorre com muita freqüência e nem sempre visando ao benefício da mãe e do bebê. As taxas de cesariana — que se mantêm em torno de 15 por cento dos nascimentos no Reino Unido e 22 por cento nos Estados Unidos, onde é a operação mais realizada — são motivo de grande preocupação.

Problemas de saúde depois do parto podem incluir mastite, infecção uterina, pontos doloridos ou infeccionados, hemorragia (grande perda de sangue), dor pélvica e anemia. Infelizmente, esses problemas físicos coincidem com o período de pico para o *baby blues* e quando o cansaço também está começando a se mostrar. É possível que essa combinação leve mulheres suscetíveis a desenvolver a depressão.

Problemas de adaptação

Havia uma época em que as mulheres se casavam jovens, não trabalhavam fora de casa depois do casamento e os filhos vinham depressa. Hoje, a tendência é casar-se mais tarde, depois de ter aproveitado bastante a vida de solteiro e, em muitos casos, estabelecido uma carreira. Mesmo após o casamento, muitas mulheres tendem a esperar até se estabelecer financeiramente para constituir uma família. Houve um aumento, principalmente no Ocidente, no número de mulheres tendo filhos entre 25 e 40 anos, e uma diminuição correspondente no grupo de 20 a 24 anos.

40 Depressão pós-parto

Essa tendência é significativa em qualquer discussão sobre depressão pós-parto, pois influencia na forma como a mulher irá lidar com a grande mudança de vida que é a maternidade. Por volta dos 30 anos, você costuma controlar sua vida. Então aparece o bebê e, por mais organizada que você seja, é difícil manter esse controle. A realidade da vida com o bebê pode desequilibrar completamente os pais enquanto você luta para manter um pouco da aparência de sua vida de antes. É claro que não é possível, e talvez o fato de tentar agrave qualquer depressão. As coisas *não* serão mais as mesmas, e por que deveriam?

Portanto, em muitos aspectos, a depressão pós-parto pode ser um lamento pelo que foi perdido, ainda mais se você está tendo dificuldades em se adaptar como mãe:

"Eu me lembro de estar parada na janela perto da cama, observando os alunos da faculdade passarem enquanto tentava fazer com que Danny parasse de chorar", conta Elaine, mãe de dois filhos. "Eu estava chorando desesperada, pois agora tinha um bebê e nunca mais seria livre como aqueles jovens."

Em um nível bem fundamental, tornar-se pais muda o eu mais íntimo das pessoas, o que também pode fazer parte do desafio que cria condições para a depressão pós-parto. A maternidade molda suas esperanças e sonhos para o futuro; muda suas idéias sobre o que é mais importante nessa nova fase de sua vida; ela a deixa mais sensível em relação à violência e crueldade; ela a torna receosa, não com o que a vida possa lhe trazer, mas o que pode trazer a seus filhos. Ela põe sua vida emocional de cabeça para baixo e, embora no início isso possa estar relacionado às alterações hormonais, os efeitos são bastante duradouros para ser apenas uma reação química.

A maternidade lhe traz algo estranho, novo e vulnerável. Práticas mulheres de negócios ficam sentimentais quando a babá ou o responsável da escolinha lhe telefona dizendo

Por que eu? 41

que seu filho de dois anos está com infecção na garganta; ex-adeptas a filmes de Schwartzenegger de repente se vêem incapazes de assistir ao noticiário, pois toda a violência e o horror parece pessoal demais. Da próxima vez que estiver em um parque e vir uma criança cair no chão e gritar, observe como todas as mães se viram. É muito fácil identificar aqueles que são pais.

Seu relacionamento com sua mãe

Parece haver uma ligação entre como você se adapta ao fato de ser mãe e se comunicar com seu bebê e seu relacionamento com sua própria mãe. As pesquisas mostram que, algumas horas após o nascimento, a mãe e o bebê começam a estabelecer comunicação entre si, mas nos casos em que a mãe sofre de depressão pós-parto, essa comunicação pode ficar difícil. Esse problema é discutido mais detalhadamente no Capítulo 3, mas basta dizer que essa incapacidade de comunicação pode surgir se a mãe não teve um bom modelo em quem se espelhar para lhe mostrar como ser mãe. Descobriu-se, por exemplo, que perder a mãe antes dos 11 anos pode afetar a capacidade da maternidade. De certo, perder os pais muito cedo está fortemente associado com a depressão mais tarde.

Mesmo se uma mulher teve a mãe por perto durante seu crescimento, pode ser que ela não tenha sido um bom modelo de maternidade. Talvez tenha havido uma falta de proximidade no relacionamento, talvez a mãe tenha sido incompreensiva, até mesmo hostil, em relação à criança, rejeitando-a. Também pode ocorrer que a nova mãe tenha sofrido abuso por parte dos pais quando criança e crescido com uma visão distorcida da maternidade. Atender às necessidades de seu novo bebê pode ser difícil para uma mãe com esses antecedentes.

42   *Depressão pós-parto*

O sexo do bebê também pode ser um problema. Em alguns casos, pode ser que a mãe ache que um menino seja muito diferente dela, ou ele pode reavivar lembranças de abuso; uma menina pode criar sentimentos inesperados de conflito e ciúmes na nova mãe, ainda mais se seu relacionamento com sua própria mãe foi ruim.

Sentimentos em relação à gravidez, ou a uma gravidez anterior

Algumas vezes, se a gravidez foi indesejada, podem surgir sentimentos de culpa ou raiva que, em contrapartida, levam à depressão. Mesmo se o bebê for muito desejado, a depressão pós-parto também pode se desenvolver pelo fato de o bebê trazer à tona lembranças de se ter perdido um filho, por exemplo, ou de um aborto por qualquer motivo, ou aborto precoce, ou parto de natimorto ou síndrome de morte súbita infantil. Esses acontecimentos são extremamente traumáticos e aceitar a morte de um bebê leva muito tempo. Ter um novo bebê trará as lembranças e sentimentos de volta, além de ansiedades sobre sua segurança e bem-estar.

Para muitos desses fatores que podem desencadear a depressão pós-parto, o aconselhamento e a psicoterapia são indicados para ajudar a superar os sentimentos dolorosos e talvez conflitantes. É importante lembrar que entramos em qualquer tipo de relacionamento — com um companheiro, amigo ou nossos próprios filhos — trazendo nossa "bagagem" psicológica e emocional. A maneira como carregamos essa bagagem indica o quão bem se desenvolverá a relação. Na depressão pós-parto, você precisa garantir que haja um suave fluxo de emoção e comunicação entre todos os membros da família: mãe e pai, mãe e bebê, e vice-versa. A psicoterapia certamente a ajudará a compreender a bagagem emocional que você traz consigo e a trabalhar os problemas criados por ela. Dessa forma, pode-se combater a depressão pós-parto.

▼

Fatores de risco para a depressão pós-parto

Um exercício válido pode ser tentar descobrir se algumas das seguintes causas estão na raiz dos sentimentos de depressão e o que pode ser feito para minimizar seus efeitos. Algumas das sugestões de auto-ajuda e estratégias neste livro serão úteis, mas recorrer a um profissional de saúde solidário, capaz de guiá-la em direção à cura, também é importante.

- depressão anterior, ou uma longa história de depressão na família
- depressão ou ansiedade na gravidez
- problemas durante a gravidez ou imediatamente depois do período pós-parto
- gravidez não planejada
- ser mãe solteira
- parto traumático ou que tenha envolvido intervenção médica
- parto múltiplo
- um acontecimento de vida estressante próximo ao momento do parto, por exemplo, caso de morte na família, desemprego do companheiro, término de relacionamento
- falta de apoio/isolamento
- falta de um relacionamento de confiança, especialmente com um companheiro
- dificuldades de relacionamento
- problemas financeiros
- problemas de saúde na mãe
- problemas em se ajustar à maternidade
- casos anteriores de aborto, parto de natimorto ou síndrome de morte súbita infantil

CAPÍTULO 3

Depressão pós-parto e a família

Todas as formas de depressão provocam algum efeito nas pessoas à volta da pessoa deprimida, mas a depressão pós-parto pode ter um efeito maior por vários motivos importantes. Primeiro, os sentimentos produzidos pela depressão inevitavelmente têm um impacto sobre o bebê e atrapalham a comunicação entre a mãe e o bebê em um período crítico no desenvolvimento deste. A depressão pós-parto também atinge intensamente o companheiro da mulher, por também acontecer em um período de transição para ele. Por fim, afetará quaisquer outras crianças na família.

COMO VOCÊ SE SENTE

Como já foi abordado no Capítulo 1, o período pós-parto traz uma série de sintomas físicos, como alterações de peso e apetite, fadiga e insônia, que também são características da depressão pós-parto. Mas a depressão está, em primeira instância, relacionada aos sentimentos: como você se sente em relação a si mesma, a sua situação, às pessoas à sua volta, a sua vida. É evidente que o sentimento mais constante é a tristeza, o baixo-astral, "como estar sentado no fundo de um buraco negro", como uma mãe descreveu. Outras mães descrevem assim:

"Tudo era um grande esforço, um martírio, até levantar e me mexer."

"Nada parecia valer a pena. Eu pensava: para que me preocupar?, nada mudará."

46 Depressão pós-parto

"Eu sentia como se houvesse uma escura e pesada nuvem na minha cabeça que me impedia de pensar direito e empurrava meu corpo inteiro para baixo."

"Todas as coisas que eu me imaginava fazendo como nova mãe com um bebê no verão — andar no parque, piqueniques no gramado, empurrar o carrinho pelos shoppings — não conseguiam me interessar. Nós simplesmente ficávamos em casa, e eu achando que enlouqueceria."

Essa sensação de tristeza e falta de prazer pode fazer com que você ache que, de alguma forma, suas emoções "boas" estão adormecidas e que um grande mar de negatividade abateu-se sobre você, dominando-a. Isso pode causar sentimentos de vazio, de desespero, de ser indigna de ser amada, e de culpa porque não consegue mais se interessar pelas pessoas que a rodeiam, nem mesmo por seus filhos. Patricia conta sobre suas primeiras semanas com o bebê:

"Era um esforço fazer até o básico, quanto mais brincar com ela, mas como eu podia falar para alguém que não queria cuidar de Nicola?"

Mas a depressão pós-parto é uma doença multifacetada, e aqui há uma série de outras emoções que surgem junto e que podem ser parte de sua experiência.

Frustração

A frustração normalmente faz parte da depressão pós-parto e pode originar-se de altos ideais e da incapacidade de alcançá-los — algo que mães de primeira viagem tendem a fazer. Queremos ser mães perfeitas, mas é uma meta quase condenada ao fracasso, devido a nossas expectativas irreais de como as coisas serão. Então ficamos desapontadas e frustradas, pois não conseguimos viver de acordo com nossos altos ideais: talvez você não esteja conseguindo amamentar direito, ou o bebê não pare de chorar, e os serviços domésticos ainda precisem ser feitos. Ou então ficamos

Depressão pós-parto e a família **47**

desapontadas com nós mesmas por perdermos a paciência, gritarmos, ou caímos em prantos, por não sermos a mãe madura, calma, pacífica que imaginávamos que seríamos.

A frustração se expressará de várias formas: no bebê e em suas necessidades constantes; em um companheiro, por não ajudar o suficiente, ou por não fazer as coisas como gostaríamos que fizesse; em nós mesmas, por não sermos capazes de atender às necessidades do bebê ou manter o controle, e por não manter nosso (alto) ideal. Algumas vezes a frustração nem tem uma causa definida; é apenas uma agitação interior geral que nos envolve.

> *"Eu me sentia muito frustrada por ficar enfurnada dentro de casa o dia todo."*

> *"Por que ninguém me disse que seria assim; eu não fazia a menor idéia!"*

> *"Eu acabava de trocá-lo e estava pronta para sair e ele fazia cocô, regurgitava ou algo do tipo, e eu tinha de começar tudo de novo. Você sente vontade de gritar, pois sabe que acabou de perder o único ônibus daquele horário."*

> *"Colocar o cinto da cadeira de automóvel me fazia chorar em alguns dias, pois parecia enfatizar a dificuldade de tudo."*

Raiva

Esta é uma emoção que normalmente ocorre na depressão pós-parto, mas muitas vezes é camuflada, pois as novas mães se culpam por sentir raiva. A raiva não costuma ter um motivo específico e é comum se manifestar como irritação e mau humor com aqueles que nos rodeiam, especialmente outras crianças da família e companheiros. Ou a raiva pode estar direcionada ao bebê — por não cooperar, por exigir demais, por chorar, por assumir o controle...

Na depressão pós-parto, a raiva normalmente tem um elemento de impotência junto: a sensação de estar numa

48 *Depressão pós-parto*

cilada. Estamos em uma situação que achamos que não podemos mudar, mesmo estando infelizes. Como Patricia, mãe de Nicola, descreve:

> *"É como se eu quisesse devolvê-la e recomeçar quando estivesse mais preparada, mas é lógico que não é possível. Depois que o bebê está aqui, não há retorno. Eu me sentia muito irritada por estar numa prisão como essa."*

Também é uma emoção que, muitas vezes, as mães não querem admitir porque têm vergonha. Além de vivermos em uma sociedade na qual expressar a raiva é um tabu, explodir, ainda mais em público, não é visto com bons olhos. E uma nova mãe encontra-se em uma situação em que supostamente não deve sentir emoções negativas, quanto mais raiva — ela deve sentir-se realizada e reluzente de alegria. Então o que costuma acontecer é que a mãe interioriza sua raiva, o que causa sentimentos de incapacidade, inutilidade e desespero. Se começamos a interiorizar a raiva, tendemos à auto-recriminação: "Não sou uma boa mãe", "Sou tão estúpida, não consigo fazer nada sem estragar tudo", "Sou tão incompetente — o que este bebê fez para merecer uma mãe como eu?".

Ansiedade

Muitas mães com depressão pós-parto ficam muito ansiosas em relação ao bebê, preocupando-se obsessivamente com sua saúde e desenvolvimento:

> *"Eu ficava obsessiva em ver se Caleb estava respirando direito", admite Joyce, que sofreu de depressão pós-parto grave nos três meses seguintes ao parto. "Eu morria de medo da síndrome de morte súbita infantil. Ficava ao lado do berço prestando atenção em sua respiração, reparando em qualquer mudança. Até comprei um monitor de respiração para poder escutá-lo da minha cama. A menor das alterações me fazia sair correndo para seu quarto."*

Os médicos e profissionais de saúde freqüentemente são alertados para depressão pós-parto quando acham que a mãe está levando ao consultório ou clínica o filho nas mais perfeitas condições de saúde, alegando problemas nebulosos.

A ansiedade também pode ser causada por preocupações com o fato de não estar sendo uma boa mãe, preocupações que aumentam ainda mais se a depressão fizer com que você pare de se mostrar receptiva ao bebê.

Baixa auto-estima

A depressão inevitavelmente altera a forma como nos enxergamos. Isso se manifesta com sentimentos de tristeza, falta de autovalorização, autodepreciação, inferioridade e a idéia de que não somos boas o suficiente.

"Eu sentia que tudo seria melhor para ela se tivesse outra mãe."

"Eu olhava à minha volta e via outras mães muito melhores do que eu, amando seus bebês e sentido-se contentes por estarem com eles."

Essa falta de auto-estima cria um círculo vicioso: uma opinião ruim sobre si mesma e sobre suas habilidades significa se tornar extremamente autocrítica — nada do que fazemos está bom o suficiente —, o que reforça o sentimento de inferioridade. Algumas vezes a situação pode ser tão grave que começamos a nos odiar, e nesse ponto podem começar a surgir idéias de autodestruição.

Culpa

A culpa é normalmente uma conseqüência das outras emoções causadas pela depressão: nós nos sentimos culpadas por estarmos frustradas, com raiva ou sem interesse no

50   *Depressão pós-parto*

bebê. A culpa também ocorre porque achamos que estamos negligenciando o bebê: ele merece uma boa mãe e olhe o que arranjou, alguém que não consegue cuidar dele ou amá-lo da maneira adequada, que sente irritação e frustração por ter de fazer as coisas por ele...

> *"Eu sabia que deveria amar Betty, mas não conseguia, e ficava me remoendo de culpa."*

> *"Eu não estava cuidando dela tão bem quanto deveria e me sentia culpada."*

> *"Escondi minha depressão o máximo possível, pois sentia muita culpa por não estar conseguindo agüentar — todos os outros pareciam estar."*

A culpa também pode se voltar para a relação com nosso companheiro: nós não arruinamos suas esperanças de uma vida em família? Nós não o atacamos sem motivo; não o estamos deixando deprimido? E também há a pressão social: a culpa que sentimos por não estarmos atingindo as expectativas da sociedade — e da mídia — de como uma mãe deve ser. Como sociedade, temos uma grande expectativa quanto à maternidade, por estarem a seu encargo a educação, o amor, a solução de problemas e a infinita necessidade de provimento. Se encontramos dificuldades para criar e amar, e achamos que não conseguimos lidar sozinhas com a situação, é muito fácil achar que somos um grande fracasso.

Idéias de suicídio

Em qualquer discussão sobre depressão pós-parto, deve-se abordar o assunto de suicídio porque muitas das mães têm sentimentos suicidas. Pode ser apenas um pensamento passageiro — "Eu não sou boa o suficiente para o meu bebê, ele ficaria melhor sem mim" —, mas algumas vezes a idéia

Depressão pós-parto e a família **51**

de suicídio surge quando chegamos ao fundo do poço, quando o futuro nos parece frio e sem perspectiva de mudança, e achamos que nunca superaremos a depressão para nos tornarmos a mãe que gostaríamos de ser. Quando alguém tem esse tipo de pensamento, é possível que coloque as idéias de suicídio em ação.

Ainda mais difícil de encarar é o infanticídio, quando a mãe mata o bebê ou a criança. Esses casos sempre atraem a atenção da mídia quando acontecem, o que tende a obscurecer o fato de que são extremamente raros e só ocorrem quando a mãe está com graves problemas psicológicos — como nos casos de psicose puerperal (ver p. 15).

Se a mãe é considerada psicótica, então deve-se separá-la do bebê por um tempo. Ela deve ficar hospitalizada até que a doença esteja sobre controle, e tanto a segurança da mãe quanto a do bebê estejam garantidas.

Se está tendo pensamentos suicidas, ou seus sentimentos em relação ao bebê são violentos e estão fugindo de seu controle, peça ajuda com urgência para seu médico ou um dos profissionais de saúde que você conhece. Se conhece alguma mãe com depressão pós-parto e que tenha falado em suicídio, ou teme que ela possa estar pensando em fazê-lo, ou se está preocupada com a segurança do bebê, sugira a ela que converse com seu médico ou profissional de saúde — ou pergunte se ela se incomodaria se você o fizesse.

Pode ser difícil conseguir lidar com todas essas emoções fortes quando se está profundamente deprimido. Entretanto, é possível superá-las, trabalhando sobre a maneira como pensamos sobre nós mesmas e nossa situação — transformando um pensamento negativo em algo mais positivo. No Capítulo 5, há estratégias para ajudá-la a lidar com o problema. Todavia, quando a depressão é severa ou persistente, a psicoterapia é a indicação para ajudar a desenvolver as estratégias pessoais para elaborar essas emoções.

SEU RELACIONAMENTO COM SEU BEBÊ

No passado, as pessoas tendiam a encarar os recém-nascidos como seres passivos e inertes, que não tinham conhecimento de nada do que estava acontecendo ao seu redor. Agora estamos começando a aprender que não é o caso. Parece que um bebê, logo após o nascimento, começa a interagir com o ambiente à sua volta e tenta se comunicar; ele está aprendendo como responder a outras pessoas, como pedir cuidado e como se comportar. Como na maioria dos casos é a mãe que cuida do bebê grande parte do tempo, é por intermédio dela que o bebê aprende sobre o mundo externo e seu lugar nele. A mãe é o principal espelho do bebê para todos esses aspectos de seu desenvolvimento inicial. Se a mãe não estiver dando as dicas certas para o bebê, ou se não está nem respondendo — o que pode acontecer na depressão pós-parto —, é possível que o bebê desenvolva mecanismos de resposta um pouco inadequados.

Estudos sobre como as mães sem depressão pós-parto interagem com seus bebês mostram que eles logo desenvolvem uma maneira de "conversar" entre si, espelhando-se no modo de agir e "iniciando", aos poucos, a comunicação. O bebê copiará os movimentos faciais da mãe quando ela faz uma expressão ou ri; e a mãe, por seu lado, copiará os sons e expressões faciais do bebê.

Se a mãe estiver deprimida, é provável que essa comunicação dual seja interrompida. A mãe está "desligada" e não responde às tentativas do bebê de "falar" com ela. Isso pode ser causado porque a letargia e o vazio da depressão a tornaram incapaz de responder, ou porque ela se sente emocionalmente alheia a seu bebê, incapaz de lidar com os sentimentos que o bebê provoca nela. Isso também significa que uma mãe com depressão pós-parto não brinca muito com o bebê, olha para ele sem nenhuma expressão a maior

Depressão pós-parto e a família   53

parte do tempo, não costuma sorrir para o bebê, ou não responde aos sorrisos dele. Nessas situações, o bebê ainda aprende com a mãe, mas aprende a ser triste e a não se importar com a comunicação.

Se a mãe com depressão *responde*, pode ser que ela o faça de maneira inadequada: afastando-se do bebê quando ele tenta iniciar uma conversa, ou talvez respondendo com hostilidade ou mesmo com entusiasmo exagerado, num esforço para tentar compensar a falta de sentimento que tem dentro de si. Em casos graves, pode haver verdadeira hostilidade, o que pode levar ao abuso físico. Nessas ocasiões, o bebê aprenderá respostas inadequadas e, quando crescer, poderá responder com hostilidade, por exemplo, ou com entusiasmo excessivo às iniciativas amigáveis de outras pessoas.

Os bebês criam maneiras para lidar com a falta de resposta da pessoa que mais cuida deles. Uma delas é parar de tentar ganhar a atenção da mãe e se retrair. Um estudo feito com bebês de cerca de três meses mostrou que os filhos de mães com depressão pós-parto reclamavam menos quando suas mães se recusavam a brincar com eles do que os filhos de mães não deprimidas. Mesmo tão novos, esses bebês já haviam desistido. Outros estudos pediam que mães não deprimidas ficassem sem expressão no rosto, não dando uma resposta por um determinado período de tempo. Gravações em vídeo dessas sessões mostram o bebê esticando os braços para a mãe e, então — após não ter sido atendido por um curto período de tempo —, finalmente desistindo, com semblante triste.

Uma outra forma de os bebês lidarem com a situação é se esforçando mais, tornando-se hiperativos, na tentativa de ganhar atenção. Essa hiperatividade obviamente influenciará no sono, na alimentação e aprendizagem do bebê, transformando-o em um bebê mais "difícil" do que antes, e assim se desenvolve um círculo vicioso: a mãe deprimida

54 *Depressão pós-parto*

fica mais deprimida por ter um bebê difícil, que se esforça ainda mais para chamar sua atenção.

A resposta hiperativa parece ser mais comum em meninos do que em meninas, e é mais comum que as meninas fiquem retraídas. Os meninos choram mais, são bebês mais irrequietos e ficam mais irritados quando a mãe deprimida não lhes dá atenção. Um estudo mostrou que também é freqüente as mães deprimidas reagirem de modo diferente aos filhos e às filhas, expressando mais raiva e menos alegria com meninos do que com meninas, o que leva os meninos a se mostrarem menos alegres, mesmo com apenas três meses de idade.

Há um grande aumento no número de pesquisas que estudam como essa quebra de comunicação entre a mãe e o bebê afetam a criança à medida que ela cresce. Essas pesquisas descobriram que os filhos de mães com depressão pós-parto:

- normalmente crescem com impressões mais negativas sobre suas mães, e sentem-se menos seguros no relacionamento com elas do que os filhos de mães não deprimidas;
- têm auto-estima mais baixa, pois acham que a mãe está infeliz com eles;
- são mais propensos a sofrer de depressão e ansiedade quando crianças, e de depressão e outros problemas psicológicos quando adolescentes e adultos. Estima-se que filhos mais velhos de pais deprimidos tenham uma taxa três ou quatro vezes maior do que a média de problemas de adaptação, como depressão, ansiedade, fobias, distúrbio de déficit de atenção (hiperatividade) e comportamento agressivo e desintegrado. Os meninos têm mais propensão a ficar agressivos e as meninas a ficar ansiosas;

Depressão pós-parto e a família   55

- sofrem mais de dificuldades de aprendizagem e de comportamento.

Expressas de maneira tão pessimista, essas descobertas parecem alarmantes e precisam ser contextualizadas. Em primeiro lugar, muito depende da gravidade da depressão e sua duração: quanto mais cedo a mãe receber atenção médica e/ou psicoterapêutica, mais depressa poderá se iniciar um relacionamento normal entre a mãe e o bebê. Outros fatores também influenciam: por exemplo, descobriu-se que mães deprimidas que têm um relacionamento perturbador com o bebê também tendem a ter mais problemas conjugais e sociais, e esses, por sua vez, obviamente afetariam o desenvolvimento da criança. Portanto, pode ser difícil julgar até que ponto os problemas da criança derivam exclusivamente da depressão pós-parto de sua mãe ou de um estremecimento na relação de seus pais, por exemplo, ou se o pai saiu de casa. O temperamento do bebê também afetará a maneira como ele reage à depressão da mãe; alguns bebês podem ser mais capazes de superar os efeitos iniciais da depressão da mãe do que outros. Há estudos que sugerem que filhos de mães deprimidas conseguem se comunicar melhor com outros adultos, pois cresceram tendo que avaliar o estado emocional da mãe, o que os faz mais aptos a perceber o que os outros estão sentindo.

Também existe aqui a suposição de que a mãe é o único ser humano na vida do bebê capaz de lhe fornecer resposta à comunicação. Mas o pai — ou avó, ou qualquer pessoa que possa estar presente para o bebê — pode intervir e promover um contato estimulante, positivo e interativo. Mesmo irmãos e irmãs mais velhos têm um papel a desempenhar na comunicação com o bebê e em ensiná-lo a como responder ao mundo. Assim sendo, a família deve procurar saber se a mãe não é capaz de atender o bebê, e se é necessário que outra pessoa intervenha. Pode ser difícil descobrir e

56 *Depressão pós-parto*

talvez seja preciso que um profissional de saúde, como uma enfermeira psiquiátrica ou psicoterapeuta, avalie.

Da mesma forma, é importante relembrar que bebês e crianças são criaturas que se recuperam depressa. Existem muitos casos em que crianças que sofreram um traumático e terrível começo de vida — sendo órfãos, vivendo em orfanatos, sofrendo privações, vivenciando os efeitos de uma guerra, de abuso e crueldade — tornam-se adultos bem resolvidos. Um bebê superará um início difícil contanto que possa continuar sua vida como parte de uma família atenciosa e segura.

Tornando-se "mãe"

Tendemos a pensar que logo que o bebê nasce, nós nos tornamos mães — mas a verdade é que, embora fisicamente sejamos mães, emocionalmente demora mais para formar uma identidade maternal, para nos redefinirmos como mães e nos sentirmos confortáveis com o papel. Foi estimado que pode demorar de 3 a 10 meses para uma mulher integrar o papel de mãe à sua vida. Esse processo de "tornar-se mãe" está relacionado ao processo de ligação — o desenvolvimento de um laço emocional entre a mãe e o bebê, portanto, a ligação entre a mãe e o bebê é mais um processo dinâmico do que um fenômeno imediato —, embora isso também possa acontecer.

PAIS E DEPRESSÃO

Ao enfocar tão exclusivamente as mães deprimidas e seus bebês, é fácil esquecer o papel do pai na constituição de uma família. Como já foi mencionado no capítulo anterior, é muito mais provável que uma mulher desenvolva a de-

Depressão pós-parto e a família   57

pressão pós-parto se não tiver um companheiro que a apóie. Mas os homens costumam ficar mais vulneráveis nessa época. Eles podem ficar preocupados com a responsabilidade que assumiram, inseguros em relação a seu próprio papel de pai e a como seu relacionamento com sua companheira mudará, agora que há três pessoas na família. Ao tentar descobrir qual será seu papel na família, muitos homens observam a forma como a mulher está moldando *seu* papel e se adaptam de acordo. Os pais parecem demorar mais do que as mães para estabelecer uma relação com os filhos, e um dos motivos é que talvez fiquem esperando que a mãe estabeleça seu papel com o bebê e torne-se confiante e alegre nessa nova tarefa; preocupar-se com uma mãe deprimida pode fazer com que o pai crie vínculos com o bebê mais tarde do que o normal.

Se sua companheira está deprimida e parece estar tendo dificuldades em se adaptar à maternidade, o novo pai pode sentir-se confuso sobre como deve agir. Pode achar que é um espectador da depressão da esposa, sabendo que há algo de errado, mas não exatamente o quê, e sem saber como lidar com o problema. Assim como sua companheira, ele também pode estar enfrentando a tensão adicional que surge com a chegada de um recém-nascido: cansaço, responsabilidade extra, trabalho em excesso e ansiedade com o bebê.

Os homens também podem achar difícil compreender por que sua companheira ficou deprimida. Sempre fomos levados a acreditar que a maternidade é uma resposta quase que automática por parte da mulher, e um deslize nessa resposta pode deixar o homem confuso. Em muitos casos, quando o homem não sabe ao certo de que sua companheira precisa ou quando suas tentativas de ajuda são rejeitadas, pode criar-se uma brecha entre eles — especialmente se houver pressões adicionais como preocupações financeiras ou dificuldades de relacionamento já existentes.

58   *Depressão pós-parto*

Muitas mães com depressão pós-parto também tornam-se agressivas com o companheiro, culpando-o pela situação e acusando-o de não ajudar o suficiente, ou de não compreender. Isso pode deixar o pai frustrado, irritado, culpado e também deprimido.

Depressão em homens

Um trabalho realizado no Reino Unido, nos Estados Unidos e no Canadá sobre o efeito de depressão pós-parto nos parceiros descobriu que um grande número de homens fica deprimido. Um estudo encontrou sinais de depressão em 10 por cento dos homens cujas companheiras tiveram depressão pós-parto; outro estudo de mães levadas para unidades de mães e bebês com depressão pós-parto grave descobriu que a metade dos homens também teve problemas de depressão.

> *"Eu achava que tinha falhado porque Sonia e o bebê foram levados para o hospital", admite Douglas sobre eventos ocorridos dois anos atrás. "Era como se eles estivessem sendo tirados de mim, pois eu não tinha capacidade suficiente para cuidar deles. Sim, fiquei deprimido. Chorava em casa, sozinho, pois achava que Sonia e eu tínhamos perdido algo que jamais recuperaríamos. Mas não contei para ninguém como me sentia. Eu não sabia a quem recorrer e sentia vergonha. Achei que conseguiria superar sozinho."*

Homens e depressão pós-parto não é uma área à qual seja dada muita atenção, e as pesquisas já realizadas não responderam a pergunta "O que veio antes: a depressão do homem ou da mulher?". A partir de estudos realizados sobre a depressão em geral, sabe-se que se um membro do casal está deprimido, aumentam as chances de o outro também sucumbir; também se descobriu que o humor da mulher tende a acompanhar o do homem. Portanto, pode ser que, em alguns casos de depressão pós-parto, o novo

Depressão pós-parto e a família   59

pai já estivesse deprimido antes do nascimento e que sua depressão tenha precipitado a doença da mãe.

O assunto continua duvidoso, pois homens como Douglas não admitem estar deprimidos. Se analisarmos as estatísticas, parece que o número de mulheres que sofrem de depressão é bem maior do que o de homens, mas muitos médicos acreditam que não sabem até que ponto os homens sofrem, porque procuram bem menos ajuda do que as mulheres. Como resultado, a sociedade — e os homens — continua a enxergar a depressão como um problema feminino, e não algo que vitima um "homem forte". É uma atitude que precisa ser superada se quisermos compreender como a depressão afeta os homens em geral, e — especificamente em casos de depressão pós-parto — quais são os efeitos das emoções do homem sobre a mulher, e vice-versa.

OUTRAS CRIANÇAS NA FAMÍLIA

Mulheres que sofrem de depressão em uma primeira gravidez são, infelizmente, mais propensas a desenvolver a doença em uma gravidez subseqüente. Também há um significativo número de mães que desenvolve a depressão pós-parto pela primeira vez em uma segunda ou posterior gravidez; aqui, as circunstâncias podem ter mudado, criando mais "gatilhos" que podem provocar a depressão pósparto — por exemplo, iniciar uma outra família com um novo companheiro, ou uma gravidez tardia não planejada.

Isso pode significar que existem outras crianças na família além do recém-nascido que têm de lidar com a depressão pós-parto da mãe. Os efeitos que o problema causará nas crianças dependerão, até certo ponto, da idade, mas, sem dúvida, a confusão é uma das respostas emocionais ao ver a mãe deprimida, irritada, hostil — ou com alguns dos outros inúmeros sintomas que acompanham a doença.

60   *Depressão pós-parto*

As crianças não conseguem compreender por que a mãe está chorando e podem achar que é por alguma coisa que elas fizeram; a mãe pode mostrar-se irritadiça e imprevisível em relação às crianças sem que elas compreendam o motivo, ou pode afastar-se delas. Como já foi mencionado, os filhos de pais deprimidos tendem a sofrer mais de problemas psicológicos, como ansiedade, fobias e depressão; crianças de apenas cinco anos podem desenvolver problemas de ansiedade. Se os pais estiverem enfrentando problemas no relacionamento conjugal, o fato pode aumentar ainda mais os problemas emocionais de crianças mais velhas.

Em resposta à mãe deprimida, algumas crianças ficam muito ansiosas e nervosas, tentando adivinhar-lhe o humor para responder de uma forma que agrade a ela, pois, acima de qualquer coisa, a criança quer agradar aos pais. Em alguns casos, a criança passa a agir como se fosse o pai, começando a cuidar da mãe e a protegê-la, já que ela não está fazendo isso pelo filho.

Mães deprimidas também podem começar a perder o controle de seu papel de cuidar dos filhos, de modo que, no nível prático, têm dificuldades em mantê-los bem alimentados, limpos e vestidos, e as crianças também podem ter mais acidentes e doenças por não estarem sendo bem supervisionadas. Em alguns casos, pode ser que a escola ou o médico percebam que há algo errado, simplesmente porque as crianças começam a ter esse tipo de problemas, sendo que a família antes era harmoniosa.

Outras crianças na família podem colocar a culpa pela depressão da mãe no recém-nascido. A maioria dos irmãos mais velhos passa por sentimentos ambivalentes com a chegada de um novo bebê. De repente, após terem sido o único centro de atenção dos pais, precisam dividi-la com um estranho exigente que monopoliza o tempo de sua mãe e que nada lhes oferece como compensação. O ciúme também é comum, e sentimentos de hostilidade podem

Depressão pós-parto e a família   61

aumentar se parece que o bebê deixa a mãe irritada, indiferente e infeliz:

> "Mamãe ficou muito deprimida quando meu meio-irmão Vitor nasceu", relembra Catie, 15 anos. "Eu tinha 11 anos quando ele nasceu. Eu não queria outra criança na família, e quando mamãe ficou tão deprimida, culpei o Vitor. Demorou quase um ano para que a mamãe voltasse ao normal e, nesse tempo, fiz de tudo para ignorar a existência do bebê na casa. Demorou muito tempo para que eu conseguisse sentir que gostava dele. Mas agora o acho uma graça."

Embora as crianças possam ser afetadas pela depressão da mãe, muitas também tentam se manter fortes e recomeçar quando a depressão termina. Um passado geralmente seguro, um lar cheio de amor, um relacionamento próximo com o pai e outros membros da família ajudam a amparar filhos mais novos e mais velhos em relação aos efeitos da depressão da mãe.

CAPÍTULO 4

O melhor tratamento

Os tratamentos convencionais contra a depressão pós-parto são os mesmos oferecidos para a depressão em geral: medicamentos antidepressivos e/ou alguma forma de terapia, como aconselhamento ou psicoterapia, dependendo da gravidade do problema. Uma abordagem alternativa para o problema é escolher uma das muitas terapias complementares que podem alcançar bons resultados no combate à depressão.

No passado, o tratamento contra a depressão tendia a enfocar os desequilíbrios químicos no corpo implicados na origem dos sintomas depressivos, de modo que os medicamentos antidepressivos (para corrigir esses desequilíbrios) eram usados como principal tratamento na maioria dos casos. Mas, conforme foi mencionado no Capítulo 2, durante os últimos 20 anos, mais ou menos, tornou-se cada vez mais claro que as circunstâncias individuais e personalidade também têm um papel significativo na depressão.

Por esse motivo, houve um reconhecimento cada vez maior do fato de que, enquanto os remédios costumam ser necessários para a obtenção de resultados rápidos, para muitas pessoas eles apenas afastam os sintomas do problema: podem ajudar a providenciar o ímpeto necessário para superar a depressão, mas é provável que essa depressão volte uma vez que a medicação tenha sido completada, pois os motivos que a desencadearam continuam no mesmo lugar.

Nisso, a depressão pós-parto não é diferente da depressão em geral. Os antidepressivos podem ajudar a superar a falta de motivação e o desespero que impedem que muitas

64 *Depressão pós-parto*

mães procurem melhorar. Mas, depois disso, há a necessidade real de reavaliar o papel da mulher como mãe, de aprender a lidar com os mecanismos e de mudar toda uma forma de pensar para ter uma abordagem mais positiva da maternidade e da vida em família. A psicoterapia é um tratamento a longo prazo, mas tem como objetivo chegar à raiz do(s) problema(s) e diminui a probabilidade de a depressão ocorrer em uma outra gravidez.

Na verdade, um número cada vez maior de estudos mostra que a psicoterapia ou aconselhamento é, em muitos casos, tudo que uma mulher precisa para conseguir sair da depressão e, em casos graves, combiná-la com medicamentos costuma surtir muito efeito. O tipo de terapia que uma mãe precisa depende, na maioria dos casos, da gravidade da depressão pós-parto.

ACONSELHAMENTO

Esse é o primeiro passo em termos de tratamentos "verbais" e é mais adequado para a depressão leve. Implica ter encontros regulares para conversar com uma pessoa treinada para aconselhá-la sobre como você se sente, o que está pensando, os problemas que está vivendo, seus medos e preocupações. Em muitos casos, o simples fato de poder conversar com alguém fora da situação imediata pode ajudar uma mulher a enfrentar a depressão. Cada vez mais — e especialmente no Reino Unido, embora outros países também tenham iniciado esquemas semelhantes — os profissionais de saúde perceberam os benefícios de deixar as mães falar e de oferecer "visitas para conversar" àquelas que possam ser suscetíveis à depressão pós-parto, ou àquelas em que notaram sinais de depressão se desenvolvendo. Isso significa passar um tempo com a nova mãe, enfocando a saúde emocional dela, permitindo simplesmente que ela fale e oferecendo conselhos adequados às necessidades individuais e à situação.

Se sua depressão for mais grave, pode ser que seu médico lhe indique um tratamento psiquiátrico, e você se encontrará com esse profissional regularmente na clínica ou hospital local, em vez de em casa. Se ficar evidente que a depressão tem como origem problemas de relacionamento com seu companheiro, pode ser que lhe recomendem terapia de casal para ajudá-los a superar as dificuldades e conseguir que um entenda melhor o outro.

PSICOTERAPIA

Um psicoterapeuta ou psicólogo clínico pode ser indicado para a mãe (ou, claro, ela pode ir por conta própria) se a origem da depressão estiver ligada aos sentimentos em relação a si mesma ou aos padrões de pensamento dela. Há uma série de diferentes abordagens psicoterapêuticas, dependendo de como o psicoterapeuta foi treinado. Por exemplo, a psicoterapia de apoio exploraria os problemas e ofereceria apoio à mãe para solucionar os problemas sozinha; o aconselhamento diretivo ofereceria estratégias especiais para lidar com os problemas; e a terapia comportamental cognitiva trabalharia para tentar mudar pensamentos e comportamentos negativos ou inadaptados. O tipo mais comum de terapia oferecido para a depressão é a terapia comportamental cognitiva, em que o terapeuta tenta:

- ajudar a mãe a reconhecer seus pensamentos negativos e mostrar-lhe como transformá-los em um processo de pensamentos mais construtivos;
- chamar sua atenção para o quão crítica e exigente ela está consigo mesma e mostrar-lhe como ser mais gentil, mais tolerante e como se aceitar melhor;

66   *Depressão pós-parto*

- ensiná-la a lidar com os sentimentos de raiva, medo e vergonha;
- ajudá-la a enxergar como seu comportamento e sentimentos podem estar enraizados em experiências passadas (por exemplo, em como seus pais a tratavam quando criança).

As sessões podem ser individuais ou em grupo. Aqui também, se o relacionamento da mãe com o companheiro estiver enfrentando dificuldades, pode-se indicar terapia de casal. Se outros membros da família estiverem envolvidos (por exemplo, outros filhos), pode ser necessária a terapia familiar, em que toda a família se envolve para discutir os problemas ligados à depressão.

As terapias verbais obviamente envolvem um compromisso de freqüentar as sessões e trabalhar junto com o terapeuta para se ajudar — algo que pode parecer difícil se você estiver muito deprimida e não estiver recebendo nenhum outro tipo de tratamento ou apoio. As terapias verbais não são uma solução rápida para a depressão; pode demorar para os resultados aparecerem, e o número de sessões necessárias dependerá da pessoa. Por esse motivo, é normal combinar a psicoterapia com a terapia medicamentosa.

"Demorou algum tempo para eu ir procurar o médico por causa da depressão que me abateu depois do nascimento de Joshua, mas finalmente me obriguei a ir à clínica quando ele estava com cerca de seis meses de idade", relembra Sally. "Meu médico imediatamente me receitou antidepressivos e marcou sessões de aconselhamento com uma enfermeira psiquiátrica. Eu logo notei a diferença com os medicamentos. Eu me sentia mais capaz de fazer as coisas, minha rotina de sono melhorou e eu não ficava tão irritada e irracional quanto antes. Mas foi o aconselhamento que me ajudou a sair do círculo vicioso de me sentir culpada e me colocar para baixo o tempo todo. Tomei antidepressivos por cerca de seis meses, mas continuei com o aconselhamento por um ano, o que

realmente pareceu me ajudar. Ruth, minha segunda filha, agora está com quatro meses e não houve nenhum indício de que a depressão retornaria."

AJUDA PSIQUIÁTRICA

Em casos de depressão pós-parto grave ou psicose puerperal, é provável que lhe seja indicado um psiquiatra por tratar-se do especialista na área que pode avaliar de maneira adequada a gravidade da doença e decidir qual o melhor tratamento. Provavelmente o tratamento será intensivo e envolverá internação hospitalar, durante parte do dia ou o dia todo, até que a situação melhore suficientemente. Em casos muito graves ou quando existe perigo para a mãe ou para o bebê, a hospitalização pode ser necessária. No hospital, o tratamento é basicamente o mesmo — terapia medicamentosa combinada com psicoterapia —, mas é acompanhado mais de perto. Se a depressão não estiver respondendo a algum desses tratamentos, o tratamento eletroconvulsivo (veja abaixo) pode ser recomendado.

A internação hospitalar pode ser traumática, mas será apenas pelo período necessário para conseguir controlar a depressão. A atmosfera é de apoio, e o tratamento é monitorado de perto e adequado às necessidades de mudança da mãe.

Eletroconvulsoterapia (ECT)

Essa forma de tratamento da depressão ainda é amplamente usada em todo o mundo, mas somente em casos graves quando a doença não responde à terapia medicamentosa e/ou psicoterapia, e quando a pessoa é hospitalizada. De acordo com o jornal *What Doctors Don't Tell You (O que os médicos não lhe contam)*, ela é usada em cerca de 20.000 pacientes com problemas psicológicos na Inglaterra todos os anos, e cerca de 100.000 pacientes nos EUA

68 *Depressão pós-parto*

entre mais de meio milhão que recebem tratamento por ano. É uma abordagem básica para alterar os padrões de pensamento: eletrodos são colocados nas têmporas ou na parte frontal e posterior da cabeça da pessoa e é aplicada uma carga elétrica ao cérebro. Ainda há poucas pesquisas sobre por que uma intervenção desse tipo ajuda a neutralizar a depressão, mas acredita-se que ocorra uma alteração no equilíbrio das substâncias químicas do cérebro que, em contrapartida, ajuda a normalizar o humor. O tratamento normalmente envolve seis sessões de ECT e o paciente está inconsciente quando a recebe. Hoje em dia, entretanto, a ECT realmente é um tratamento usado só em último caso.

▲

TERAPIA MEDICAMENTOSA

Há vários tipos de medicamentos antidepressivos e eles funcionam de maneira semelhante: afetando a produção de substâncias químicas chamadas neurotransmissoras no cérebro. Há evidências de que, em alguns casos de depressão, os níveis desses neurotransmissores sejam mais baixos do que o normal, de modo que os antidepressivos apenas aumentam o nível de neurotransmissores específicos circulando no cérebro.

Como demora cerca de duas semanas para os medicamentos agirem sobre os níveis de substâncias químicas no cérebro e até oito semanas antes de começarem a trabalhar adequadamente, você não perceberá os benefícios de imediato. Além disso, é preciso tomá-los continuadamente para manter o efeito, e a maioria dos médicos recomenda o tratamento com antidepressivos durante seis meses a um ano. Esses remédios também podem causar efeitos colaterais (listados em separado abaixo de cada tipo de droga), os quais começam imediatamente; portanto, é possível sentir-se pior antes de sentir-se melhor. À medida que a tolera-

O melhor tratamento 69

bilidade aos antidepressivos se desenvolve, os efeitos colaterais devem diminuir.

Esses medicamentos podem ser prescritos por um médico de família ou, se a depressão não for notada logo de início, por um psiquiatra depois de uma consulta.

Antidepressivos tricíclicos (ADTs)

Funcionam impedindo que as substâncias químicas neurotransmissoras serotonina e noradrenalina (norepinefrina) sejam reabsorvidas pelas células cerebrais, de modo que haja maior quantidade delas circulando pelo cérebro. Essas são as substâncias químicas que melhoram nosso humor; portanto, quanto mais elas circulam em nosso cérebro, melhor o nosso humor. Os efeitos colaterais incluem boca seca, sonolência, confusão, constipação, dificuldades para urinar, visão obscurecida, aumento da temperatura corporal, função sexual reduzida, falta de sono, agitação, espasmos musculares e formigamento nos dedos dos pés e das mãos. Uma superdosagem de ADT pode ser perigosa, provocando coma, convulsões e distúrbios no ritmo cardíaco.

Inibidores da monoamina oxidase (IMAOs)

Podem ser ministrados se a ansiedade for um dos principais sintomas. Funcionam bloqueando a saída da enzima responsável pela decomposição de serotonina e noradrenalina (norepinefrina), em vez de bloquear sua reabsorção, como acontece com os tricíclicos. Os efeitos colaterais são semelhantes aos dos tricíclicos, mas também vêm acompanhados de restrições alimentares, pois podem não reagir muito bem com alimentos como queijo, vinho tinto e fermento, bem como medicamentos como descongestionantes e xaropes. Se ingeridos com esses alimentos ou medica-

70   *Depressão pós-parto*

mentos, podem causar um aumento perigoso da pressão sangüínea, dor de cabeça e vômito. Se lhe for prescrito um IMAO, seu médico lhe falará sobre as restrições alimentares e lhe dará um folheto com os alimentos proibidos. Também existe um novo IMAO chamado moclobemida, que é mais seguro de se ingerir sem restrições alimentares.

Inibidores de reabsorção seletiva de serotonina (IRSSs)

Eles se destacaram muito desde que foram lançados anos atrás, ultrapassando os antidepressivos tricíclicos em popularidade. O IRSS mais conhecido é, sem dúvida, o Prozac. Os IRSSs funcionam aumentando os níveis de serotonina no cérebro e, devido a essa abordagem mais objetiva, parecem causar menos efeitos colaterais do que os antidepressivos mais antigos. Mesmo assim, ainda podem causar distúrbios visuais, náusea e vômito, dores de cabeça, problemas intestinais, perda de ímpeto sexual, perda de peso e aumento de ansiedade.

Lítio

O lítio é, primariamente, um estabilizador de humor e pode ser prescrito para depressão grave que envolva oscilações de humor de estados depressivos a estados hiperativos, maníacos. O lítio apresenta um problema: pode ser venenoso se os níveis se tornarem muito concentrados no sangue; os indícios são visão obscurecida, vômito e diarréia, e espasmos. Se lhe for receitado lítio, seu médico controlará seu nível sangüíneo com freqüência para garantir que você fique dentro dos limites seguros.

Se você sofre de efeitos colaterais que não diminuem devido a um antidepressivo, volte a conversar com seu médico. Algumas vezes, as pessoas experimentam dois ou três tipos antes de encontrar um que funcione bem. Se não conseguir encontrar um medicamento com o qual se adapte, você pode pensar na psicoterapia como único tratamento para combater sua depressão ou tentar a psicoterapia combinada com uma terapia alternativa.

Nenhum desses antidepressivos provou ser seguro para uso durante a gravidez, e muitos deles não são recomendados no período de amamentação, pois pequenas quantidades passam para a criança através do leite. Se estiver amamentando e lhe forem receitados antidepressivos, seu médico escolherá uma droga menos propensa a afetar o bebê em doses normais e receitará a menor dose possível para controlar seus sintomas. Ele também pode aconselhá-la sobre maneiras de cuidar para que seu bebê ingira o menos possível da droga; por exemplo, calculando os horários de amamentação de modo que eles ocorram antes do horário de você tomar mais uma dose do remédio. Assim, você terá níveis bem baixos da última dose em seu corpo. Você também tem a opção de mudar para a mamadeira, e não se sinta culpada em fazê-lo se achar que é uma escolha mais segura e confortável para você e o bebê.

Qual tipo de remédio?

As pessoas normalmente confundem os antidepressivos com uma classe de drogas chamada benzodiazepínicos, mas elas são muito diferentes. São drogas antiansiedade (tranqüilizantes) e pílulas para dormir, e são prescritas para superar os sentimentos de tensão, nervosismo e pânico que costumam surgir com o estresse, ou para ajudar a dormir. Elas funcionam de modo oposto aos antidepressivos, pois reduzem a presença das substâncias químicas do humor no cérebro em vez de aumentá-las; elas "acalmam" em oposição aos antidepressivos, que "estimulam". Por serem altamente viciantes, os benzodiazepínicos são ministrados

72   *Depressão pós-parto*

por períodos curtos; os antidepressivos, por outro lado, não viciam; portanto, não se preocupe em ficar dependente da mesma forma que as pessoas que tomam tranqüilizantes como o Valium.

▲

ABORDAGENS ALTERNATIVAS

Hoje em dia, um número cada vez maior de pessoas visita um terapeuta alternativo com regularidade. Muitas preferem experimentar uma terapia alternativa no lugar da medicina convencional, especialmente quando o tratamento convencional inclui a ingestão de medicamentos fortes com uma série de efeitos colaterais, como é o caso dos antidepressivos. Elas encaram as abordagens alternativas como uma maneira mais suave de lutar contra a depressão.

As terapias alternativas podem ser usadas como uma auto-ajuda — como usar um remédio tipo aspirina ou um suplemento (embora isso não seja recomendado se estiver grávida) — ou você pode se consultar com um terapeuta alternativo. Procurar um terapeuta alternativo é o melhor passo a dar se você deseja superar a depressão usando apenas métodos alternativos; métodos de auto-ajuda podem auxiliar na depressão leve e como complemento no aconselhamento, psicoterapia ou terapia medicamentosa. Podem ser usados em conjunto com os tratamentos convencionais, mas sempre informe seu médico, seu psicoterapeuta e seu terapeuta alternativo sobre o que você está fazendo e ingerindo.

Qual terapia?

Na teoria, qualquer terapia alternativa deve ser capaz de ajudar a superar a depressão pós-parto, mas na realidade depende de com qual você se sente mais à vontade e quais tipos de terapias estão disponíveis na região onde você

O *melhor tratamento* 73

mora. Existem algumas terapias às quais você pode não se adaptar. Por exemplo, se tem fobia a agulhas, a acupuntura não é indicada; se não gosta de ser tocada por um estranho, talvez não se sinta relaxada com uma terapia de toque como massagem, aromaterapia ou reflexologia (massagem e estímulo nos pés). É importante ter isso em mente antes de marcar uma consulta.

A seguir há uma breve descrição de algumas terapias que provaram ajudar no combate à depressão. É apenas uma pequena seleção das terapias disponíveis, e você pode conhecer alguém que melhorou com uma abordagem não mencionada aqui. A recomendação pessoal é uma boa maneira de encontrar um bom profissional. Veja "Como encontrar um terapeuta qualificado" (p. 81) para garantir que seu terapeuta está adequadamente treinado para tratá-la.

Homeopatia

Essa terapia sempre enfatizou igualmente o lado físico e o emocional; portanto, não é de se surpreender que possa ajudar na cura da depressão. Vários estudos mostraram que a homeopatia pode ajudar em sintomas típicos da depressão, como ansiedade, raiva, ressentimento, acessos de choro e letargia, bem como na depressão em si. A homeopatia também tem uma forte abordagem de aconselhamento mediante a qual o homeopata a encoraja a falar sobre si mesma, do que você gosta e do que não gosta, seus sentimentos e seu passado, a fim de chegar à origem de seus sintomas depressivos e decidir qual o remédio homeopático mais adequado.

Hipnoterapia

Essa terapia pode ajudá-la de duas maneiras. Em primeiro lugar, proporciona uma forma de psicoterapia para a pa-

74   *Depressão pós-parto*

ciente, permitindo que ela fale; em segundo lugar, induz a um estado de profundo relaxamento, o que mostrou ajudar em problemas como depressão, ansiedade e estresse. A hipnoterapia adequada tem muito pouco em comum com a hipnose teatral e o paciente está sempre em controle. Você também aprenderá técnicas de auto-hipnose para conseguir chegar a um estado de relaxamento profundo em casa em momentos de necessidade imediata.

Medicina chinesa tradicional

Essa abordagem tem sido utilizada há milhares de anos na China para tratar qualquer problema de saúde e certamente pode ajudar em casos de depressão. Como a maioria das terapias complementares, ela trabalha com o intuito de devolver o equilíbrio ao seu corpo, e encara a doença como um sinal de desequilíbrio no corpo. O tratamento será destinado a corrigir esses desequilíbrios mediante o uso de ervas, acupuntura, massagem e dieta, talvez combinando com exercícios leves conhecidos como *t'ai chi qigong*. Se você não gosta nem de pensar em agulhas, procure os profissionais que usam laser ou eletroacupuntura no lugar das agulhas, métodos que não envolvem algo espetado em seu corpo.

Aromaterapia/Massagem

Foi mostrado que os óleos essenciais têm um efeito definido no humor e que os óleos adequados podem levantar um humor deprimido, ou acalmar um humor superestressado ou ansioso. Mesmo massagens sem óleos terapêuticos podem fazer com que você se sinta bem consigo mesma e ajuda em casos de depressão leve. Na maioria dos casos, um aromaterapeuta faz uma avaliação individual e decide qual mistura de óleos é adequada para usar na massagem, além de sugerir óleos para queimar em casa. Certamente trata-se de uma terapia que mima e faz bem a qualquer mãe sofrendo de depressão.

> *"Eu não canso de recomendar a massagem aromaterápica", diz Pat. "Era o ponto culminante da minha semana e certamente me ajudava a combater as crises de depressão após o nascimento de Ben. Significava que eu podia ficar uma hora sem fazer absolutamente nada, com alguém cuidando bem de mim, e eu saía da aromaterapia flutuando. O efeito durava vários dias e definitivamente melhorou meu humor."*

Também pode ser bom ter aulas de massagem em *bebês*. Essa forma de tratamento é uma excelente maneira para a mãe e o bebê se tornarem mais próximos, especialmente se houver um problema como depressão pós-parto. Pode ajudar no processo de ligação, bem como fazer com que a mãe sinta mais confiança ao lidar com o bebê e descobrir do que ele gosta, o que o acalma, o que o faz rir.

Ioga

A ioga é uma forma de terapia especialmente calmante e, uma vez aprendida, pode ser praticada a qualquer hora. Trabalha em vários níveis para combater a depressão: é relaxante, estimula o relaxamento profundo e a meditação, ambos os quais têm mostrado ajudar no combate à depressão; auxilia a regular a respiração, de modo que ela se torne mais eficiente e menos superficial e superativada, o que exacerba muitos dos sintomas de ansiedade da depressão; e, por último, é uma maneira suave de se exercitar bastante adequada para mulheres que acabaram de ter filhos (diga a seu professor de ioga que você acabou de dar à luz). A ioga também é uma das terapias mais acessíveis — é provável que exista uma academia bem perto de você —, e na maioria das vezes isso não custa caro.

76   *Depressão pós-parto*

Meditação

Como a meditação é basicamente uma forma de relaxamento profundo, ela também pode ser útil na depressão. Entretanto, para se obter sucesso, é preciso aprendê-la. A ioga é um método; os outros mais comumente encontrados no Ocidente são a meditação budista e a transcendental. A meditação transcendental (MT), o sistema de meditação fundado por Maharishi Mahesh Yogi, é, na verdade, parte de um sistema maior de cuidados de saúde naturais chamado Maharishi Ayur-Ved, que inclui um programa para a mãe e o bebê. A meditação transcendental exige 15-20 minutos de manhã e à noite para manter um estado de calma e relaxamento. Aprender ioga e meditação budista custa razoavelmente pouco; a MT é mais cara, mas uma vez aprendida, nunca é esquecida, e as pesquisas parecem sustentar o fato de que ela é capaz de tratar e prevenir uma série de doenças, incluindo a depressão.

Terapia nutricional

Um terapeuta nutricional difere de um nutricionista porque usa a dieta para curar problemas de saúde e não enfoca apenas a correção de deficiências. Com a depressão, um terapeuta nutricional aconselhará mudanças na alimentação e oferecerá suplementos para ajudar a superar quaisquer deficiências que possam estar contribuindo para o problema, bem como estimular sua imunidade geral e humor. Ele também pode ver se você não sofre de uma alergia alimentar que, em alguns casos, pode estar causando os sintomas da depressão, embora isso não seja muito comum na depressão pós-parto.

AUTO-AJUDA ALTERNATIVA

Os tratamentos caseiros podem ajudá-la de maneira considerável na depressão leve, ou se usados em combinação com o tratamento convencional ou com terapeuta. Em casos de depressão grave, entretanto, sempre procure ajuda externa para o problema, seja de seu médico, profissional de saúde especializado ou de um terapeuta complementar qualificado. Mesmo em casos mais leves, recomenda-se um *check-up* antes de experimentar os tratamentos caseiros, e é melhor evitar o autotratamento durante a gravidez (alguns óleos essenciais, por exemplo, não devem ser usados na gravidez).

Erva-de-são-joão (Hipérico)

Essa erva — disponível como suplemento vitamínico e encontrada na maioria das lojas de produtos naturais e farmácias — agora é bastante aceita, mesmo em círculos mais convencionais, como um tratamento efetivo para depressão leve a moderada. Muitos estudos apóiam seu uso — e um dos mais influentes foi uma avaliação de 23 estudos realizada em 1996, publicada no *British Medical Journal* (4), concluindo que o hipérico era tão eficaz quanto a maioria dos antidepressivos no tratamento da depressão em geral, mas com menos efeitos colaterais. Em 1997, foi a primeira preparação herbácea a ser reconhecida e recomendada pelos psiquiatras no International Congress on Neuropharmapsychology (Congresso Internacional de Neurofarmapsicologia).

Acredita-se que funcione como os antidepressivos farmacêuticos convencionais, estimulando os níveis de noradrenalina (norepinefrina), serotonina e dopamina, mas parece que de forma menos agressiva. É eficaz se usada em conjunto com o aconselhamento ou psicoterapia e também pode ser ingerida com todas as classes de antidepressivos, exceto os IMAOs, cuja mistura pode ser perigosa. Tem poucos efeitos colaterais — o principal sendo problemas gastrointestinais; portanto, é melhor ser ingerida durante

78 Depressão pós-parto

as refeições. Siga as instruções do fabricante sobre a dosagem, embora a dose terapêutica recomendada seja 900 mg por dia.

Elaine leu um artigo sobre o hipérico e decidiu experimentá-lo quando ficou deprimida após o nascimento de seu primeiro filho.

> *"Eu não achava que estava deprimida o suficiente para procurar um médico, e a idéia de antidepressivos também não me agradava. Depois de tomar o suplemento por cerca de três semanas, comecei a notar uma diferença em mim. Eu tinha mais paciência, não me sentia tão letárgica e, na verdade, me vi fazendo planos em relação ao bebê! Agora eu uso o hipérico para me ajudar durante a TPM — realmente funciona!"*

Óleos essenciais

Como já foi mencionado no item "Aromaterapia" (ver p. 74), os óleos essenciais têm efeitos diferentes em nosso humor e vêm sendo usados com sucesso em experiências para combater os estados depressivos. Podem ser usados para massagem, ser queimados, perfumar ambientes e no banho.

▼

Usando óleos essenciais

Para massagem: use uma média de 4-6 gotas de óleo essencial para cerca de 2 colheres (chá) de um óleo base carreador, como o de amêndoas ou de gérmen de trigo, dependendo de quanto você queira misturar.

Em um vaporizador: coloque 2-3 gotas de óleo essencial com um pouco de água quente no pires do vaporizador e acenda a vela; verifique se seu vaporizador tem um pires fundo e cuide para que a água não evapore. É também possível comprar vaporizadores em que você apenas pinga 2-3 gotas de óleo essencial.

Para fazer um desodorizador de ambientes: encha um borrifador de plantas pela metade com água, adicione cerca de 50 gotas de óleo, misture bem e borrife. Lembre-se de misturar bem antes de borrifar para incorporar o óleo à água.

No banho: dilua 4-8 gotas de óleo essencial em 2 colheres (chá) de um óleo carreador e adicione à água de seu banho, mexendo bem antes de entrar.

▲

É melhor comprar os "óleos essenciais" em vez de "óleos de aromaterapia": um óleo essencial deve ser o extrato puro da planta; um óleo de aromaterapia já estará misturado com um óleo carreador ou mais barato. Armazene os óleos em lugar frio e escuro e mantenha longe do alcance de crianças. Não use internamente, nem em contato com a pele — esses óleos são fortes e muito potentes.

▼

Óleos recomendados para a depressão

Manjericão Óleo balanceador; bom para problemas nervosos, ansiedade e exaustão mental. Sempre dilua bem.

Bergamota Tônico para o sistema nervoso, suave e calmante.

Esclareia Um dos grandes óleos antidepressivos, excelente para tensão nervosa, estresse e problemas nervosos.

Olíbano Óleo calmante, alivia o estresse; queime esse óleo enquanto estiver meditando ou relaxando.

Gerânio Outro óleo balanceador, acalma e refresca; bom para ansiedade.

Lavanda Um dos mais versáteis óleos essenciais, acalma e relaxa e ajuda na insônia, estresse, tensão e depressão.

Tangerina Calmante, relaxante, usado para o estresse, tensão e insônia.

Melissa Outro ótimo óleo antidepressivo que também pode ajudar na insônia.

80   *Depressão pós-parto*

Rosa Um bom antidepressivo e tônico para os nervos; também recomendado para problemas como TPM e cólicas.

Jacarandá Tônico para os nervos suave e calmante, bom para o estresse.

Vetiver Outro óleo reputado por ajudar na depressão, insônia, estresse e problemas nervosos.

Ilangue-ilangue Efeito calmante sobre o sistema nervoso, também apropriado para problemas relacionados com o estresse, bem como ansiedade e ataques de pânico.

Observação:
Não use em hipótese alguma durante a gravidez: manjericão, esclareia, rosa.

Essências florais

As essências florais têm o objetivo de ajudar nos problemas emocionais alterando estados de espírito negativos. Elas podem ser ingeridas para aliviar situações emocionais de "emergência" — por exemplo, choque — ou para um problema emocional ou físico de longa data. São obtidas pela destilação da essência de flores. Você encontrará uma grande variedade de essências em lojas de produtos naturais, incluindo produtos australianos, sul-africanos, do dr. Bach e essências florais que curam.

Florais de Bach especialmente recomendados para a depressão

Agrimony se estiver angustiada por preocupação.

Gentian se estiver deprimida devido a dificuldades e contratempos.

O melhor tratamento 81

Holly para raiva e ressentimento.

Honeysuckle para lembranças tristes e volta ao passado.

Larch se você se sentir inferior/mal-amada, sem esperanças.

Pine se você tiver falhado de alguma maneira ou se sentir culpada.

Star of Bethlehem para choque.

Wild oats se a vida parecer sem rumo.

Para exaustão, experimente **elm, hornbeam, oak** ou **olive.**

Os florais podem ser misturados (até cinco) se você tiver mais de uma das emoções descritas acima. Há vários livros disponíveis sobre os florais, uma leitura bastante agradável. Os florais são totalmente seguros.

Como encontrar um terapeuta qualificado

A área de saúde alternativa ainda não está muito bem regulamentada; portanto, há alguns passos a seguir para garantir que você receberá os cuidados adequados de uma pessoa devidamente treinada.

Se seu médico é aberto a abordagens alternativas, pergunte-lhe se pode recomendar um profissional local. Se não, pergunte para outros profissionais que você conhece que possam ter tido mais contato com outras mães que tentaram terapias complementares, ou encontre alguém que possa lhe recomendar um prático alternativo.

Se decidiu tentar uma abordagem alternativa mas não tem nenhum contato, pode começar da seguinte maneira: decida qual tipo de terapia gostaria de usar, procure a entidade que regula essa terapia e peça o registro dos profissionais, ou consulte o catálogo telefônico. Contacte dois ou três terapeutas e verifique suas qualificações, treinamento

82 *Depressão pós-parto*

e preços cobrados antes de decidir. Verifique se o profissional é membro da entidade que regula a terapia; telefone para a organização para verificar se o profissional está registrado (não se valha apenas da palavra dele).

Por fim, você se sente à vontade com o profissional? Ele pode ser completamente qualificado e experiente em tratar depressão, mas se não houver afinidade entre vocês, o tratamento pode ficar comprometido. Lembre-se de que a abordagem complementar normalmente significa consultas mais demoradas e mais conversa do que a medicina convencional e você também estará se abrindo sobre assuntos emocionais.

CAPÍTULO 5

Cuidando de você

Um dos maiores problemas que enfrentamos quando estamos muito deprimidas é conseguir motivação para superar a doença. É uma situação frustrante: precisamos de ajuda porque estamos deprimidas, mas a depressão nos impede de procurar ajuda ou de tentarmos nos ajudar sozinhas. Nesses casos, a ajuda médica é necessária, e uma visita ao médico é essencial. Depois que a depressão se tornar controlável, então é mais fácil se auto-ajudar. Algumas das sugestões apresentadas a seguir a auxiliarão a desenvolver uma perspectiva mais positiva. Certamente, tentar alguma coisa é centenas de vezes melhor do que não fazer nada, mesmo se essa "alguma coisa" for apenas procurar ajuda.

MUDANDO NOSSA FORMA DE PENSAR

No sofrimento da depressão, sentimos que não há nada de bom ou agradável no mundo, o que nos deixa sem motivação para tentar procurar algo agradável. Mesmo quando superamos este estado niilista, costuma ser difícil retornar ao hábito de pensar positivamente, e ficamos mais propensas a nos encarar como fracassos e nos rotular como "péssima mãe", "inútil", "incapaz de realizar a mais simples das tarefas", e assim por diante. Então começamos a achar que as outras pessoas nos vêem da mesma maneira.

Como esse tipo de pensamento tem um efeito poderoso para consolidar a depressão, é necessário transformar essa maneira negativa de pensar em algo positivo. É exatamente esse o objetivo do psicoterapeuta, mas existem muitos

84 *Depressão pós-parto*

passos de auto-ajuda que podem ser colocados em ação durante o tratamento. Eles a auxiliarão a pensar de forma positiva, a descobrir e aceitar novamente a alegria, e a começar a cuidar de você de uma maneira que praticamente você não vem fazendo há muitos meses.

Quando tiver pensamentos negativos, não se deixe levar. Acostume-se a alertar a si mesma quando surgirem os pensamentos negativos e a se perguntar como essa linha de pensamento a ajuda. Se não lhe for útil, deixe-a de lado e pense em algo positivo; não permita que fique em sua mente, levando-a para baixo.

Quando se criticar demais, tente ser racional. Por exemplo, se o bebê não pára de chorar, você pode se ouvir dizendo: "Nada do que eu faço faz com que ele pare de chorar". Pare aí e analise a declaração: é *realmente* verdade que nada do que você faça faz com que ele pare de chorar? Então tente contextualizar: "É verdade que, nessa ocasião, nada do que eu tenho feito o fez parar de chorar". Tente generalizar: "Todos os bebês choram inconsolavelmente algumas vezes. Estou me sentindo frustrada agora porque não consigo acalmá-lo". E, por último, faça um plano de ação: "Se eu não conseguir fazer com que ele pare de chorar agora, pelo menos posso me acalmar e ter paciência. Se ainda assim for demais, posso colocá-lo no berço e deixá-lo por alguns minutos, enquanto saio do quarto e me acalmo. Depois volto e tento de novo".

Se acredita que as pessoas — incluindo aquelas mais próximas — não têm uma boa impressão a seu respeito, avalie quais são as evidências que você tem para provar isso e procure motivos alternativos para saber por que elas estão agindo como agem. Por exemplo, se uma mãe com quem você conversou no último encontro de mães e bebês pareceu ignorá-la da outra vez que se encontraram, você pode achar que essa atitude se deva a algo que você fez, e chegar à conclusão de que ela não gosta de você: talvez

Cuidando de você   85

você imagine que a deixou entediada da última vez, ou que a aborreceu de algum modo. Agora procure as provas que corroborem essa visão: você a insultou de alguma forma? Ela lhe pareceu hostil ou ofendida quando você partiu? Vocês tiveram alguma longa conversa na qual ela possa ter se entediado? Então procure motivos alternativos para que ela não tenha se aproximado dessa vez: talvez seja tímida e espere que você se aproxime primeiro; ela pode estar preocupada com seu bebê, que parece um pouco irritado; ela parece cansada — pode não ter dormido bem à noite; ou simplesmente pode não estar com vontade de conversar aquele dia. Esse raciocínio analítico pode ajudá-la a enxergar que existem muitos motivos para que as pessoas reajam da forma que o fazem, e esses motivos e reações nem sempre estão ligados a você.

Não tente fazer tudo de uma vez. Se você se estabeleceu altos objetivos (e todos o fazemos), é fácil cair na armadilha de pensar que falhamos se não conseguimos dar conta de tudo. Priorize o que tem para fazer cada dia e deixe de lado as coisas do final da lista, se for demais. Se teve um dia difícil com o bebê, concentre-se nele e guarde um tempo para você relaxar e se recuperar, e deixe os serviços domésticos de lado. O jantar não precisa ser complicado se o tempo for curto; uma refeição rápida pode ser tão nutritiva quanto algo que demorou horas para ser preparado.

Não ache que é uma pessoa fracassada ou péssima mãe só porque alguma coisa que você fez deu errado. Um fracasso não a torna uma pessoa fracassada — significa apenas que daquela vez não deu certo.

Não se compare com outras mães. Por estar deprimida, as comparações inevitavelmente a deixarão sentindo-se culpada e inferior. Além disso, todos tendem a manter suas frustrações, culpas e raiva escondidas dos outros, de modo que não se pode dizer como uma mãe está lidando com a situação apenas com base nas aparências.

Se teve um acesso de raiva, não perca tempo sentindo-se culpada ou envergonhada por sua explosão. Peça desculpas à pessoa envolvida, depois esqueça o ocorrido.

Tenha estratégias para lidar com a raiva, por exemplo, contando até 10 antes de falar, saindo do quarto, jogando uma almofada longe, fazendo exercícios de relaxamento, respirando fundo. Dessa forma, você terá uma sensação de controle sobre suas emoções e uma válvula de escape para elas.

Passos para outros membros da família

Se está próximo de alguém com depressão pós-parto, você pode ajudar de muitas maneiras:

- **Alivie o fardo das tarefas diárias** o máximo que puder; cozinhe, organize a lavagem das roupas, faça as compras da semana.
- **Cuide do bebê** com regularidade para que a mãe tenha tempo para si mesma. Se possível, escolha sempre o mesmo horário, para que ela possa se organizar. Por exemplo, o pai que chega em casa poderia dar banho e alimentar o bebê enquanto a mãe descansa. Se você avisa sua companheira que cuidará do bebê nesse horário, tente não deixá-la na mão: isso pode ser pior do que não fazer nada.
- **Valorize** o que a mãe está fazendo ou conseguindo, mesmo se ela estiver deprimida, e chame sua atenção para como está indo bem. Seja específico ao fazê-lo, pois um comentário genérico do tipo "Querida, você está indo bem" parecerá apenas condescendente.
- **Não se afaste dela** nem evite visitas, pois somente aumentará sua sensação de isolamento e falta de auto-estima.
- **Não se sinta culpado** ou responsável — ainda mais se for o companheiro. Não ache que a depressão é de alguma forma

Cuidando de você 87

culpa sua — há muitos fatores contribuindo. Se acredita que haja algo em seu relacionamento, ou algo que você fez ou disse que possa estar contribuindo, fale com ela a respeito.

- **Estimule-a a ir ao médico** ou fale sobre a depressão com o profissional de saúde responsável, para que ela possa receber apoio e tratamento, se necessário.
- **Planeje fazerem as coisas juntos**, mesmo com o bebê.
- **Estimule-a a freqüentar um clube** como um clube de mães e bebês ou um grupo de aleitamento local e também descubra que atividades existem na região para mulheres que ficam em casa com bebês. Se puder, acompanhe-a nos primeiros encontros, para ajudá-la a quebrar o gelo e a sentir-se confortável.
- **Seja um ouvinte solidário** — significa que você deve deixá-la falar sem interrompê-la, sem dar opiniões ou julgá-la. O objetivo é que lhe permita lidar com seus problemas apenas oferecendo sua companhia; portanto, tente dar conselhos somente quando for solicitado.

Estabeleça metas que se destinem a combater a depressão. Essas metas *não* devem ser tarefas, como colocar o bebê para dormir à noite, passar o aspirador todos os dias; elas devem ter o objetivo de criar um tempo para você durante o dia (ver p. 101, mais sobre "tempo para si mesma"), conversar calmamente com seu companheiro sobre como você se sente, encontrar tempo para curtir seu bebê sem ser um fardo, e assim por diante.

Sempre tenha algo de positivo para fazer todos os dias, mesmo se for algo bem pequeno, como comprar seu sanduíche preferido, tomar um banho perfumado, colher ou comprar um buquê de flores ou caminhar no parque com o bebê.

É fácil ficar aborrecida em casa, então mude a situação fazendo alguma coisa fora de casa todos os dias ou, se não for possível, pelo menos três vezes por semana. Por exem-

88 *Depressão pós-parto*

plo, vá até a biblioteca na segunda, ao parque na terça, visite os avós no sábado. Juntar-se a um grupo de mães e bebês também pode mudar uma rotina monótona.

Comece um "diário positivo", escrevendo todos os dias as coisas boas que lhe aconteceram. Não precisam ser grandes acontecimentos: comprar alguma coisinha, caminhar entre um canteiro de narcisos no parque, rir de alguma coisa que seu bebê fez são eventos que devem constar de seu diário. Dessa forma, o lado positivo de seu dia se destacará, abafando o negativo, e a estimulará a notar as coisas positivas quando elas estão acontecendo e a desfrutar do momento.

Tente planejar coisas que possa fazer junto com seu companheiro, com ou sem o bebê, dependendo da possibilidade de arrumar alguém para ficar com o bebê. Mesmo um passeio a pé juntos no final do dia pode lhe dar a oportunidade de falar, uma maneira de relaxar e uma chance de desfrutar a companhia um do outro.

Seja criativa: tente tricotar, cozinhar, pintar, cuidar do jardim, escrever, tocar um instrumento, qualquer coisa que você gostava de fazer no passado. Ler poesia também pode ajudar: em um estudo britânico (5), a poesia reduziu os níveis de estresse e melhorou o humor de 42 por cento das pessoas deprimidas que faziam parte do grupo.

Pare de ler jornais ou de assistir a noticiários na TV. Normalmente as notícias não costumam animá-la, e saber dos problemas do mundo apenas tornará mais difícil desenvolver um ambiente positivo em casa e em seu interior.

Tente fingir alegria de vez em quando. Isso pode soar um pouco falso, mas muitas mães fingem sentimentos alegres, quase sempre pelo motivo errado: pois não querem que ninguém saiba que estão infelizes. Decida que simulará sentimentos positivos para ajudar a si mesma, e você realmente pode sentir-se mais feliz. Sorrir, por exemplo, pode fazer com que você se sinta melhor, levando impulsos alegres ao seu cérebro.

Cuidando de você **89**

Por fim, seja paciente consigo mesma. Superar a depressão não é algo que se consiga em um dia. Normalmente é uma longa caminhada para fora do buraco negro; portanto, comprometa-se a desfrutar cada passo dado em direção à luz enquanto isso for acontecendo, sem se preocupar com quando tudo terminará e quando você ficará bem.

COMER BEM

A dieta é um assunto que costuma ser negligenciado nas semanas seguintes ao nascimento do bebê, simplesmente por estarmos muito ocupadas em atender às necessidades do recém-nascido, e com toda essa excitação acabamos nos esquecendo da fome. Mas não é um bom hábito: alimentos nutritivos são energia, e energia é algo de que as novas mães precisam muito. Sua reserva de vários nutrientes vitais como ferro, ácido fólico e outras vitaminas e minerais também se esgotará durante a gravidez e precisará ser reposta o mais depressa possível.

Se você tiver depressão pós-parto, é ainda mais importante seguir uma boa dieta. Cada vez mais, as pesquisas nutricionais estão encontrando ligações entre uma dieta balanceada e uma mente balanceada, de modo que a depressão talvez seja provocada por um "gatilho" ligado a deficiências nutricionais. Por exemplo, a vitamina B6 (piridoxina) é necessária para manter a função mental normal, e estudos descobriram que incluir a vitamina B6 na dieta com suplementos pode diminuir os sintomas de depressão, especialmente a associada à tensão pré-menstrual. Outras vitaminas e minerais associados à depressão quando os níveis no corpo estão baixos são o ácido fólico, o ferro, o zinco e o selênio, bem como alguns aminoácidos necessários para produzir noradrenalina (norepinefrina) e serotonina.

Também pode haver uma ligação entre os níveis de colesterol no sangue e a depressão pós-parto. Durante a

90 *Depressão pós-parto*

gravidez, os níveis de colesterol e triglicérides (gorduras) aumentam consideravelmente no corpo para atender à demanda adicional do bebê; eles atingem o ponto máximo antes do nascimento e diminuem rapidamente algumas semanas depois do parto. Estudos já estabeleceram uma ligação entre os baixos níveis de colesterol no sangue e mudanças de humor, como agressividade, depressão e idéias de suicídio; mesmo mudar de uma dieta com médio teor de gordura para uma dieta pobre com baixo teor de gordura pode aumentar os sentimentos de depressão e hostilidade. É possível, então, que a queda do colesterol depois do parto possa desencadear a depressão pós-parto ou contribuir para seu desenvolvimento algum tempo depois do parto, especialmente se os níveis de colesterol se mantiverem baixos — por exemplo, se a mãe não estiver seguindo uma dieta nutritiva.

A cafeína, o álcool e o açúcar, se consumidos em excesso, também são associados a um aumento nos sintomas depressivos. O álcool pode causar animação no momento em que se bebe, mas é, na verdade, um depressivo, afetando o funcionamento dos neurotransmissores como a serotonina.

Uma abordagem nutricional para ajudar na depressão pós-parto é seguir uma dieta saudável, balanceada, sem enlouquecer cortando as gorduras e ingerindo vários alimentos que contenham os nutrientes associados com a regulação do humor (ver "Alimentação antidepressiva", p. 92). Embora as reservas de gordura armazenadas durante a gravidez devam ser usadas durante o parto e o período de amamentação, uma dieta nutritiva ainda é de grande importância: seu bebê estará ingerindo uma série de calorias e nutrientes por meio de seu leite.

Portanto, procure ingerir uma grande variedade de alimentos todos os dias, incluindo proteínas como carne, peixe e grãos, carboidratos como batata, pão e arroz, laticínios

Cuidando de você **91**

ou produtos à base de soja e pelo menos cinco porções de frutas e vegetais. Você pode garantir um espectro de nutrientes de frutas e vegetais incluindo uma variedade de cores, de laranja e cenoura até hortaliças verdes e tomates e pimentões vermelhos.

Se não tiver tempo ou energia para cozinhar, escolha opções mais saudáveis de alimentos e lanches, como sanduíches/torradas integrais, batata assada, vegetais congelados, peixe pronto, peixe em lata, tomate em lata, iogurte, frutas e cereais matinais sem adição de açúcar ou *muesli* (um excelente lanche a qualquer hora do dia!).

Coma pouco e com freqüência para manter seus níveis de energia altos durante o dia todo.

Quando estiver amamentando, não ache que precisa comer mais do que o normal, mas cuide para que sua alimentação seja saudável e lembre-se de beber muita água, suco de frutas etc. para manter o nível de líquido no corpo.

Não comece uma dieta para perder peso nesse período, pois problemas de depressão pós-parto podem piorar

Se estiver preocupada achando que faltam nutrientes em sua dieta, ou que sua alimentação não está muito nutritiva, tome um bom suplemento multivitamínico e mineral para repor suas reservas e verifique se contém os nutrientes implicados no desencadeamento da depressão. Além disso, talvez vitamina C para ajudar a evitar gripes ou resfriados aos quais seu corpo possa estar vulnerável. Se achar que sua depressão deve-se a uma deficiência nutricional e quiser se certificar, procure um nutricionista.

Preocupações com o peso

Muitas novas mães se preocupam com seu peso: elas engordaram durante a gravidez e os quilos a mais continuam lá depois do nascimento do bebê. Isso pode deixá-la desencorajada e fazer com que se sinta pior ainda se estiver

92   *Depressão pós-parto*

deprimida. Entretanto, não é um bom momento para pensar em perder peso. Suas prioridades são seu bem-estar e o do bebê. Pensar em dieta, em perda de peso e assim por diante apenas a deixará chateada e não atenderá nem às suas necessidades nem às do bebê. Suas reservas de nutrientes podem se esgotar durante a gravidez e precisam ser repostas; você também estará em uma situação estressante em que precisa de toda energia que conseguir juntar — e alimento é energia. Se estiver deprimida, fazer dieta pode piorar a situação: se estiver deprimida, achará muito difícil seguir uma dieta, e se não conseguir, o fato somente piora a sensação de fracasso.

▼

Alimentação antidepressiva

Deficiências em alguns dos nutrientes a seguir foram associadas ao desenvolvimento da depressão; outros costumam se esgotar durante a gravidez e o parto e precisam ser repostos no corpo. Portanto, aumente as quantidades em sua dieta incluindo o máximo possível de alimentos contendo esses nutrientes.

- **Vitamina B6** (piridoxina) Cereais matinais fortificados, produtos integrais, nozes, peixe, carne (branca e vermelha), batata, abacate.
- **Ácido fólico** (folato) Fígado, cereais matinais fortificados, hortaliças.
- **Zinco** Carne, nozes, produtos integrais (pão, massas etc.), grãos.
- **Ferro** Cereais matinais fortificados, produtos integrais (pão, massas etc.), ovos, carne, espinafre.
- **Selênio** Produtos integrais, lentilha, pães, frutos do mar, nozes.
- **Cálcio** Laticínios, pão branco, peixe com espinhas (sardinha, por exemplo), hortaliças.

Cuidando de você **93**

- **Magnésio** Hortaliças, nozes, produtos integrais.
- **Ácidos graxos essenciais** Óleo de fígado de bacalhau, peixes oleosos como cavalinha e arenque, óleos vegetais frescos, nozes.

Tendo isso em mente, o melhor a fazer nesse período é seguir uma dieta saudável (como delineado acima) que manterá seu peso constante e poderá até ajudá-la a perder alguns quilinhos se você cortar o açúcar e alimentos muito gordurosos. Uma vez que as pressões imediatas dos cuidados com o bebê estiverem para trás, você poderá começar uma dieta, se necessário. Entretanto, lembre-se que demora para o corpo voltar à forma depois da gravidez, e o peso geralmente volta ao normal por sua própria conta nos meses seguintes ao nascimento. Se estiver amamentando, você provavelmente descobrirá que perderá o peso da gravidez depressa, pois a amamentação auxilia no processo.

INCLUINDO EXERCÍCIOS EM SUA VIDA

Se estiver exausta e deprimida, fazer exercícios pode ser a última coisa que você queira ou precise. Mas existem vários bons motivos para motivá-la a se mexer, mesmo que você tenha que se obrigar nas primeiras vezes. Inclua exercícios em sua vida para:

- aumentar os níveis de energia em seu corpo e melhorar seu vigor, de modo que você consiga atingir melhor as exigências físicas de seu corpo;
- conseguir dormir melhor se um dos sintomas da sua depressão pós-parto for insônia;
- ajudar seu corpo a voltar ao normal depois do parto;

94   *Depressão pós-parto*

- fazer com que você se sinta melhor consigo mesma e ajudá-la a sair da depressão, pois parece que o exercício ajuda a regular o funcionamento de todos os neurotransmissores importantes do cérebro relacionados ao humor. Estudos sobre depressão descobriram que apenas meia hora de atividade aeróbica (movimentos que tiram seu fôlego) melhora o humor e os níveis de ansiedade por várias horas, e programas de exercícios a longo prazo podem ter um importante efeito na depressão.

Mas você não deve iniciar um programa de exercícios logo após o parto, pois seu corpo certamente não estará pronto e você poderá se machucar com facilidade.

Primeiras seis semanas após o parto

As juntas e ligamentos ainda estão suavizados devido aos preparativos do corpo para o parto e, nessa fase, é muito fácil se machucar. Comece aos poucos, ajudando seu corpo a voltar ao normal seguindo as diretrizes de exercícios pós-parto indicadas por seu médico ou profissional de saúde. Esses exercícios normalmente têm o objetivo de enrijecer sua cavidade pélvica (o conjunto de músculos que fica abaixo de sua pelve segurando a bexiga, útero e intestino), firmando os músculos abdominais esticados e melhorando o fluxo de sangue para as pernas.

Enrijecendo a cavidade pélvica

Os músculos da cavidade pélvica costumam ficar muito esticados depois do parto e precisarão se retesar de novo, ou podem ficar frouxos, causado problemas futuros, como incontinência

Cuidando de você 95

urinária (quando a urina "vaza" se você tossir, espirrar ou pular para cima e para baixo). Esse exercício pode ser feito em qualquer lugar a qualquer hora e é tudo de que você precisa para enrijecer a cavidade pélvica.

Contraia suas nádegas, retesando os músculos ao redor de sua vagina o máximo que conseguir e conte até cinco, depois relaxe. Repita 10 vezes, o máximo de vezes possível durante o dia.

Para não esquecer de fazer o exercício, coloque pequenos adesivos pela casa, ou aprenda a associar o exercício com alguma atividade determinada. Por exemplo, faça o exercício enquanto estiver preparando chá ou café, ou enquanto espera o semáforo mudar de cor.

Se não souber ao certo onde ficam seus músculos pélvicos, tente parar o fluxo de urina quando for urinar; os músculos que você sentir entrando em ação são os da cavidade pélvica.

A partir da sexta semana

Agora já é seguro aumentar a quantidade de exercícios que você faz, mas não comece nada muito vigoroso, a não ser que estivesse acostumada a se exercitar bastante antes e durante a gravidez. Nadar é excelente nessa fase, pois o poder de flutuação da água sustenta o corpo e atenua um pouco a sobrecarga do exercício; várias academias oferecem aulas aquáticas especiais pós-parto que são muito divertidas, além de ser um exercício sério. Se não tiver quem cuide do bebê, leve-o junto: os bebês costumam gostar de água como pequenas focas.

A ioga é outra maneira leve de retomar os exercícios. Também procure aulas especiais pós-parto realizadas em academias ou centros de lazer e que tenham creche. Se não puder sair de casa ou ir muito longe, você pode optar por exercícios em vídeo, fita cassete ou livro. Eles têm o objetivo

96 *Depressão pós-parto*

de estabelecer a quantidade e o tipo de exercícios que você pode fazer sem sobrecarregar o corpo.

Realisticamente falando, no entanto, as novas mães acham difícil adaptar um horário de exercícios em sua rotina, e também não encontram motivação para acompanhar exercícios em vídeo com regularidade, o que acontece mais freqüentemente se você estiver deprimida. Se achar difícil fazer exercícios, a melhor atitude a tomar é adaptá-los ao seu dia-a-dia.

- **Continue fazendo o exercício pélvico** indicado (ver página 94).
- **Faça caminhadas** com seu bebê todos os dias, andando animadamente. Dessa forma, você também sai de casa e geralmente ajuda o bebê a adormecer.
- **Suba escadas correndo** para um pouco de exercício aeróbico.
- **Opte pela escada** e não pelo elevador, ao sair.
- **Coloque música e dance;** você pode dançar enquanto segura o bebê (os bebês normalmente gostam desse tipo de movimento).

O objetivo de fazer exercícios nessa fase não é necessariamente ajudá-la a emagrecer, mas sim melhorar seu humor, estimulá-la a cuidar de si mesma e fazer coisas que acha agradáveis. Exercitar-se também pode ser divertido, desde que você descubra algo que goste de fazer. Não precisa exagerar; um pouco de exercício combinado com descanso e relaxamento é uma excelente fórmula para qualquer pessoa deprimida.

CONTROLANDO O ESTRESSE

Hoje, o estresse faz parte de nossas vidas, mas, no período pós-parto, é importante tentar diminuí-lo. Os meses pós-

Cuidando de você   97

parto são um período que exige demais, e o estresse pode não apenas causar depressão, mas — se os fatores estressantes continuarem a exercer influência — consolidá-la e sustentá-la.

A fim de controlar o estresse em nossas vidas, primeiro temos de descobrir o que mais nos estressa e o que pode ser mudado para aliviar o problema. O capítulo 6 traz sugestões para diminuir os problemas estressantes dos cuidados com o bebê, mas você também deve analisar sua vida em seu contexto mais amplo: a quantidade de trabalho que está tentando realizar em um só dia, o comportamento de seu companheiro, demasiadas visitas que esperam receber atenção, e assim por diante. Então você precisa de alguns passos positivos para alterar esses "agentes estressantes".

Grande parte do estresse pode vir do relacionamento com seu companheiro; portanto, é melhor lidar com qualquer problema assim que apareça para que eles não comecem se amontoar, causando tensão entre vocês. Esses problemas podem ser desde ele não estar envolvido ou ajudando o suficiente com o bebê até estar sendo tirânico em seus conselhos ou esperando muito de você. Qualquer que seja o problema, converse calmamente com ele, explique como você se sente e tenha já um plano de ação sobre como vocês dois podem fazer mudanças simples e positivas.

Terapias complementares também podem ajudá-la a enfrentar o estresse, quer você use alternativas caseiras ou vá a um terapeuta. A aromaterapia é excelente para combater o estresse, bem como a massagem, a meditação e o antigo sistema chinês de exercício, o tai-chi.

Aprendendo a relaxar

O relaxamento é outra maneira de aliviar os efeitos do estresse e de ajudar a controlá-lo, mas a capacidade de relaxar pode desaparecer de alguma forma quando há

98 *Depressão pós-parto*

um bebê. É aí que as técnicas específicas de relaxamento podem ajudar. Essas técnicas não se referem apenas a se deitar com os olhos fechados. Além de bastante testadas, são uma maneira fácil de aprender a acabar com o estresse e a ansiedade, combinando relaxamento muscular com relaxamento mental focalizado. Comece tirando a tensão de seu corpo antes de passar a diminuir o nível do estresse por meio da visualização. Só é preciso reservar 10 a 20 minutos diários, todos os dias.

No "Seu programa de relaxamento" (p. 99), você encontrará um guia básico de técnicas de relaxamento. Se preferir, entretanto, há uma boa seleção de fitas de relaxamento disponíveis em livrarias e lojas de produtos naturais que podem guiá-la em uma rotina preestabelecida. Elas normalmente incluem um programa de relaxamento muscular e um exercício de visualização mental acompanhado de músicas ou sons calmantes. Embora sejam baseadas em técnicas de hipnose, não há motivos para se preocupar em perder o controle ou "ser dominada". O processo é muito suave, trabalha à sua volta permitindo-lhe liberar-se, e é totalmente seguro para a maioria das pessoas (entretanto, se sofre de epilepsia, consulte seu médico antes de usar uma fita de relaxamento).

Um exercício de visualização é simplesmente um cenário calmante para ajudá-la a relaxar. Pode ser uma cena calmante em geral, como, por exemplo, deitar-se em uma praia escutando as ondas; deitar-se na grama ao lado de um riacho com o sol aquecendo-lhe o rosto; caminhar em um bosque por uma trilha sinuosa, sentindo o aroma de pinho à sua volta; escutar os pássaros, deitada olhando as nuvens. Alternativamente, você pode evocar algum lugar tranqüilo a que tenha ido, em que tenha estado calma e contente, e manter essa cena em mente. Na depressão, você pode visualizar imagens com o objetivo de minimizar os sentimentos de melancolia e de estar aprisionada. Por exemplo,

Cuidando de você 99

você pode se imaginar em um quarto escuro, o sol nascendo devagar do lado de fora e enviando raios de luz para dentro do quarto. Ou pode se visualizar como no fundo de um buraco negro, subindo lentamente uma escada em direção à luz na saída. Conforme for visualizando, não se preocupe se os pensamentos se intrometerem: deixe que eles passeiem por sua mente e depois livre-se deles.

Se for iniciante nesse tipo de processo de relaxamento, encontre um aposento silencioso na casa onde possa se deitar sem ser interrompida. Verifique se o lugar está fresco e se você está usando roupas soltas e confortáveis. Depois que se acostumar, entretanto, deverá se habituar a conseguir relaxar em qualquer lugar para aliviar instantaneamente o estresse, quando necessário. Por exemplo, se o bebê costuma chorar por longos períodos, afaste-se e faça o programa de relaxamento, o que recarregará suas energias, a relaxará e a ajudará a lidar com o choro.

Seu programa de relaxamento

1. Deite-se em algum lugar confortável e feche os olhos. Concentre-se em sua respiração: inspire pelo nariz e leve a respiração até seu estômago. Sinta o estômago subir quando você inala e descer quando exala. Respire lenta e regularmente.

2. Começando pelos pés, tensione ou aperte seus músculos do pé por cinco segundos, depois solte e relaxe-os por 10-15 segundos. Lentamente vá subindo por seu corpo (pernas, estômago, costas, ombros/pescoço, braços e rosto), tensionando/apertando os músculos em cada área por cinco segundos, depois solte e relaxe por 10-15 segundos.

3. Tensione todo seu corpo, segure por cinco segundos, depois solte.

100   *Depressão pós-parto*

4. Examine todo seu corpo, verificando se restou alguma área tensa, e siga o programa tensionar / relaxar novamente caso encontre alguma.
5. Visualize-se em algum lugar tranqüilo e alegre e deixe sua mente relaxar. Não afugente os pensamentos que surgirem em sua mente; deixe-os passar e continue com sua visualização.
6. Quando sentir-se pronta e totalmente relaxada, concentre-se novamente na respiração e abra os olhos. Levante-se devagar, se espreguice e abra os olhos.

▲

Prática para respirar bem

A respiração também faz parte do processo de relaxamento e é normalmente afetada quando estamos muito estressadas ou ansiosas. Em tais situações emocionais, tendemos a respirar rápida e superficialmente, e um episódio prolongado desse tipo de respiração pode causar a hiperventilação, quando o equilíbrio de oxigênio e dióxido de carbono no corpo é perturbado, desencadeando uma série de sintomas, tais como dificuldades respiratórias, peito tenso ou dores no peito, tremores, formigamento, tontura e letargia. Pode fazer com que a pessoa se sinta em pânico e fora de controle, o que exacerbará os outros sentimentos da depressão pós-parto e fará com que os mecanismos de enfrentamento parem de entrar em ação.

Se acha que respira muito rápido sob estresse, diminua sua respiração com o seguinte exercício.

1. Exale o máximo de ar velho possível de seu pulmão em uma expiração demorada.
2. Com a mão no estômago, inspire pelo nariz e deixe o ar chegar até seu estômago. Você deve sentir o estômago se levantar.

Cuidando de você 101

3. Segure alguns segundos, depois solte lentamente a respiração pelo nariz. Um ciclo respiratório deve durar cerca de oito segundos. Se um ciclo de oito segundos não lhe parecer confortável, comece com um ciclo de cinco segundos e aumente gradativamente para oito segundos.

Boa postura

A postura é importante no período pós-parto, particularmente por evitar que ocorram problemas nas costas mais tarde. Além disso, a maneira como conservamos nossa postura se espelhará em nosso humor e também indicará se estamos nos sentindo deprimidas, estressadas ou ansiosas (ombros caídos, cabeça baixa, pescoço rijo, maxilar cerrado...). Podemos aliviar esses sentimentos apenas relaxando e melhorando a postura. Se quer melhorar um pouco sua postura, experimente um programa de saúde baseado em postura, como a técnica Alexander, Pilates ou ioga. Uma sessão de relaxamento pelo menos uma vez por dia é outra maneira de conscientizá-la da tensão em seu corpo.

Certamente, o mínimo que você pode fazer quando estiver sob pressão ou muito ansiosa é verificar sua postura durante todo o dia e relaxar as áreas tensas. Betty Parsons, uma renomada educadora britânica que cuidou do nascimento dos bebês da realeza, sustenta que o melhor conselho que dá às novas mães é simples: "Ombros para baixo!". Ela descobriu que apenas por se lembrar, durante o dia, de abaixar ombros encolhidos, tensos, você pode diminuir sua própria tensão, seu estresse e sentimentos de frustração.

TEMPO PARA SI MESMA

Freqüentemente as novas mães ficam carentes dos cuidados carinhosos de que necessitam porque o foco está fixo

102 *Depressão pós-parto*

no bebê, e a nova mãe se coloca em último lugar em sua lista para descanso, relaxamento e recuperação. Mas não é o que deveria acontecer. Ser mãe de um recém-nascido é uma tarefa que exige 24 horas e, sem intervalos, você pode ficar de baixo-astral, o que a torna menos capaz de lidar com a situação quando o bebê exigir mais ou estiver irritado. Toda mãe precisa dispor de um tempo para ela durante o dia — "um momento para mim", se desejar —, de modo que possa recarregar suas baterias e encontrar espaço em sua vida para si mesma.

O "momento para mim" é uma boa política para qualquer mãe, mas sem dúvida melhor ainda para as que sofrem de depressão pós-parto, quando a depressão, a frustração e os sentimentos de raiva não encontram por onde sair, aumentando até acontecer uma explosão. Agendar um horário todos os dias para fazer algo especial de que goste pode agir como válvula de escape, bem como ajudá-la a lembrar-se do "eu" que há em você, que algumas vezes some quando nos tornamos mães.

O "momento para mim" é basicamente reservar algumas horas do dia para fazer o que você gosta, o que a relaxa e a deixa feliz. Não precisa ser muito tempo; 10 minutos quando o bebê está dormindo podem ser suficientes para recarregar as baterias. Mas você precisa se lembrar de agendar esse tempo. O "momento para mim" costuma se perder em meio às outras atividades de mãe que você julga mais importantes. Mas não o são. Em nome de sua sanidade, priorize o "momento para mim" em seu dia; deixe de lado os afazeres domésticos.

É melhor não marcar uma hora certa, pois pode causar frustrações se acontecer algo que a impeça de tirar esse tempo para você. Apenas decida que, todos os dias, tirará algumas horas para se dedicar a você. O que fazer depende de você e do que gosta. Deitar-se e ouvir música, tricotar, fazer palavras cruzadas, ler, fazer um vídeo de exercícios, cuidar do jardim, pintar as unhas, arrumar o cabelo, brincar com o gato, ou simplesmente não fazer nada, apenas relaxar.

Ter um lugar especial — um santuário — em que você possa ir no "momento para mim" pode ajudar. Não precisa ser um aposento em especial — qualquer lugar serve. Coloque uma poltrona confortável em seu recanto e encha-o com seus tesouros — fotografias, enfeites prediletos, livros, música, um vaso de flores, uma cesta de frutas — e tente decorá-lo com suas cores favoritas. Um *réchaud* para aromaterapia e talvez algumas velas também podem ajudá-la a relaxar e sentir que está participando desse "momento especial". Escolha óleos essenciais que auxiliem na depressão, como esclareia, melissa rosa e ilangue-ilangue, ou os bons para o estresse como bergamota, lavanda, nérole e jasmim.

Esse canto pode se tornar seu porto seguro, para onde você pode ir quando tudo for demais e precisar de uma pausa. O resto da família deve saber que seu momento lá é sagrado e que você não deve ser incomodada. Você pode até dizer ao seu companheiro que, se o bebê começar a chorar enquanto estiver no "momento para mim", gostaria que ele cuidasse do bebê durante esse período. Quando estiver sozinha com o bebê, tente começar o "momento para mim" quando ele adormecer para que você tenha pelo menos 10 minutos de sossego para relaxar e se recuperar, mesmo se ele dormir pouco.

Embora a princípio possa ser difícil motivar-se a seguir os passos de auto-ajuda aqui indicados, o esforço inicial sem dúvida vale a pena. Eles podem contribuir para que você se sinta mais no controle de sua própria vida, além de ajudá-la a lutar contra a depressão. De mais a mais, podem animá-la a perceber que, depressão à parte, você é capaz de fazer algo positivo — o que já é metade da batalha ganha.

CAPÍTULO 6

Enfrentando problemas nos cuidados com o bebê

Cuidar de um recém-nascido envolve noites sem dormir, dias longos, sono fragmentado, tensão, pular refeições e trabalho doméstico, cansaço, inúmeros visitantes e talvez também problemas de amamentação.

> *"Você recebe muita atenção durante a gravidez. Mas depois que o bebê nasce, acabou. Agora o bebê é o centro das atenções. Estou trabalhando mais do que nunca e não ganho muito crédito. Não é de se espantar que eu me sinta deprimida." Jane, mãe de Holly, 18 meses.*

> *"Nunca imaginei que o cansaço fosse tanto. Eu ficava de baixo-astral e via tudo cinza e sombrio. Eu torcia para que Graham dormisse a noite toda, mas acho que não tive uma noite decente de sono até ele completar seis meses de idade." Georgina, mãe de Graham, 18 meses.*

Quando fiquei grávida do meu segundo filho, não foi a idéia do parto que me incomodou, mas saber que teria de enfrentar aqueles três meses de novo! Não me surpreende descobrir que é o período em que a depressão mais se desenvolve, pois as mães enfrentam problemas com o cuidado do bebê, além de ter de enfrentar também todos os desequilíbrios emocionais.

Se você sofre de depressão pós-parto, ter uma rotina organizada de cuidados com o bebê a ajudará a enfrentar a pressão de várias maneiras, e há três itens que sempre surgem como pontos de tensão e estresse para os pais: amamentação, sono e choro. Aqui, eu destaco essas áreas e ofereço algumas sugestões de auto-ajuda para diminuir o

106   *Depressão pós-parto*

estresse que possam causar, para manter o sentido de perspectiva e para lhe dar um plano de ação e ajudá-la a sentir-se mais no controle da situação.

PROBLEMAS COM AMAMENTAÇÃO

Muito tempo atrás, quando a amamentação era a única opção segura para alimentar um bebê, as garotas cresciam vendo outras mulheres amamentando os filhos e, quando chegava a vez delas, já sabiam o que fazer. Também ficavam rodeadas de outras mães que já tinham amamentado e poderiam aconselhá-las, se necessário.

Então o "progresso" entrou em cena e foi inventado o leite em pó. Com o advento do leite em pó, os hábitos antigos mudaram, especialmente com a geração que está começando a constituir família agora, pois muitas de nossas mães não amamentaram seus bebês. Nós crescemos vendo bebês mamando na mamadeira.

Agora, entretanto, à medida que descobrimos os infinitos benefícios que a amamentação oferece para as crianças, muitas novas mães preferem amamentar seus bebês. Todavia, essa ligação vital criada com a amamentação, da qual as mães gozavam no passado, pode não existir mais, e é por isso que várias mães que iniciam a amamentação não se sentem muito confiantes.

Também tendemos a investir muito de nossa crença em nós mesmas como mães em nossa habilidade de amamentar nosso bebê. De certa forma, isso decorre do fato de muitos profissionais de saúde estarem estimulando o aleitamento materno. Como o número de mães amamentando depois de seis semanas é baixo, o governo, profissionais de saúde e outras organizações interessadas estão — muito corretamente — saCOlientando as vantagens do aleitamento materno em relação ao leite em pó e à mamadeira. Mas em

Enfrentando problemas nos cuidados com o bebê 107

muitos casos, embora a mensagem chegue às mães, o apoio e os conselhos especializados que deveriam acompanhá-la, não. Isso significa que muitas mães que passam por problemas de amamentação não têm a quem recorrer, recebem conselhos conflitantes de uma série de profissionais (incluindo o médico) e acabam achando que falharam quando recorrem, desesperadas, ao leite em pó. Se você já está deprimida, esse sentimento pode passar para outras áreas do cuidado do bebê, e você pode acabar duvidando de suas habilidades como mãe.

> *"Meus mamilos ficaram muito doloridos e rachados com meu primeiro filho", conta Elaine. "A dor era horrível desde o momento que Danny começava a sugar, depois tudo ficava entorpecido — até chegar a próxima vez. Uma parteira me recomendou o protetor de mamilos. No dia seguinte, outra parteira quase arrancou o protetor dos meus seios dizendo, 'Nós não usamos mais isso'. Confusa? Podem acreditar que fiquei. E ainda com dores e muito desanimada com toda a história da amamentação." Elaine acabou cedendo à mamadeira depois de tentar amamentar Danny por duas semanas, temendo cada minuto. "Começou a afetar tudo relacionado ao bebê. Eu fiquei muito infeliz e, no fim, achei que não valia a pena."*

Sabemos que as dificuldades de amamentação são maiores nas primeiras duas ou três semanas seguintes ao parto: por exemplo, cerca de 20 por cento das mães no Reino Unido que optaram pelo aleitamento materno desistem nesse período. As principais áreas problemáticas costumam ser:

- conseguir posicionar corretamente o bebê no seio (ele deve abocanhar firmemente seu mamilo);
- mamilos doloridos e rachados que tornam a amamentação dolorosa;
- bebê querer mamar constantemente, ou parecer que você não consegue produzir leite o suficiente para satisfazê-lo.

108　*Depressão pós-parto*

Muitas mães acreditam que não estão produzindo leite o suficiente para seu bebê porque ele parece continuar com fome e exigente, mas é mais provável que o problema decorra do fato de não estar posicionada de maneira que o leite possa sair direito do seio. Os seios produzem leite em resposta à demanda do bebê, e se essa demanda não for suficiente eles não produzirão leite, e pode parecer que você não é capaz de satisfazer seu bebê.

▼

Os bônus do aleitamento materno

Se você encontrou problemas ao amamentar e precisa de um pouco mais de estímulo, lembre-se de todos os motivos que fazem o aleitamento materno ser tão bom para você e para o bebê. O leite materno:

- está sempre disponível, na temperatura certa, e não precisa de equipamentos especiais;
- segue uma regra simples de fornecimento e demanda: quanto mais o bebê suga, mais leite a mãe produz;
- contém o balanço perfeito de proteínas, gorduras e fluidos aquosos, de forma que seu bebê come e bebe de uma só vez;
- contém todos os anticorpos valiosos — e mais — que protegem o bebê das infecções ameaçadoras e auxiliam a formar seu sistema imunológico. O sistema imunológico de um bebê permanece imaturo até por volta do 12º mês;
- diminui as chances de o bebê desenvolver doenças alérgicas, como eczema, asma e doença celíaca (alergia a glúten).

O aleitamento materno:

- pode ajudá-la a acalmar seu bebê. As pesquisas sugerem que o ato de sugar libera hormônios calmantes no bebê; os

Enfrentando problemas nos cuidados com o bebê **109**

hormônios que você produz enquanto amamenta também a acalmam. Como o leite está sempre disponível, o bebê pode ser alimentado a qualquer hora (não há um horário rigoroso) e não precisa ficar irritado enquanto a mamadeira está sendo preparada;

- pode ajudar seu corpo a voltar ao normal após o parto. A amamentação estimula seu útero a se contrair depois do parto e pode auxiliá-la a livrar-se do peso em áreas em que os depósitos de gordura normalmente são difíceis de sair, como a parte interna das coxas e as nádegas;
- pode tornar mais próximo o relacionamento mãe/bebê, quando está dando certo, criando um vínculo íntimo. Também pode ajudá-la a criar confiança em si mesma e em suas habilidades.

O posicionamento correto é a chave para o sucesso na amamentação, e a maioria dos problemas — como mamilos rachados — surge pelo fato de o bebê não estar prendendo bem o mamilo. Claro, é fácil dizer "fique na posição certa", mas pode ser mais difícil do que se imagina, pois tanto você quanto o bebê estão aprendendo. Livros e manuais sobre amamentação fornecem dicas passo a passo, mas as novas mães realmente precisam aprender *vendo* como se faz, com alguém experiente em amamentação, cujos conselhos sejam consistentes e que possa estar a seu lado até que ela tenha prática.

Se você está enfrentando dificuldades de amamentação que a estão deixando deprimida ou interferindo no desenvolvimento de seu relacionamento com o bebê, é importante procurar ajuda de confiança e solidária. Contactar uma organização de apoio à amamentação fornecerá o apoio e conselhos de especialistas de que você pode estar precisando. Mas outras mães também podem ajudá-la, seja

110   *Depressão pós-parto*

alguém da família, uma amiga, ou de um grupo de apoio pós-parto. Cada vez mais organizações de cuidado do bebê e instituições de caridade estão treinando mães para ser conselheiras de amamentação, para poderem ajudar outras a amamentar com sucesso.

Realmente vale a pena entrar em contato com uma organização ou conselheira de amamentação se você estiver enfrentando problemas, e faça-o depressa. Quando a amamentação vai bem, você se sente contente, feliz e até alegre; se não vai bem, você pode ficar frustrada, irritada consigo mesma e com o bebê, culpada e deprimida.

Se estiver enfrentando problemas, vale a pena lembrar o seguinte: você não está sozinha. Muitas mães passam por problemas e sofrimentos nas primeiras semanas, mesmo aquelas que estão amamentando pela segunda ou terceira vez. Não perca a esperança e tente impedir que o fato domine o início de sua vida com o bebê. O período mais difícil costuma durar apenas algumas semanas, porque, depois disso, você e o bebê já terão aprendido como amamentar/mamar. Se seus mamilos racharam demais e ficaram doloridos para amamentar, é possível você parar até eles melhorarem, depois voltar a amamentar. Nesse meio tempo, tire leite por alguns dias: suas mamas começarão a produzir leite assim que o bebê estimular o fluxo deste novamente. Entretanto, caso decida fazê-lo, converse antes com seu profissional de saúde ou sua conselheira de amamentação, para que eles possam orientá-la.

Você ainda tem a opção de dar mamadeira se realmente achar que não pode agüentar a amamentação e se isso estiver criando um problema entre vocês dois. Se tomar essa decisão, não ache que falhou ou que não é boa mãe: você continua fazendo o melhor por seu bebê, pois o melhor para o bebê é estar perto da mãe — e não ter uma mãe que se sinta irritada, frustrada, culpada ou deprimida.

DIFICULDADES PARA DORMIR

Pergunte à maioria dos pais, e todos concordarão que o cansaço é a pior parte de ter um recém-nascido em casa. Os recém-nascidos dormem em média 16 horas por dia; infelizmente em intervalos de apenas algumas horas por vez, incluindo à noite. Portanto, nos primeiros dias, a mãe provavelmente não conseguirá dormir ininterruptamente por um longo período durante a noite, mas acordará duas, três ou mais vezes e despertará logo ao amanhecer.

Muitos bebês estabelecem uma rotina depois dos primeiros dois ou três meses, começando a dormir períodos maiores durante a noite. Entretanto, não é o caso de todos os bebês. Muitos continuam acordando para as mamadas noturnas ou para receber conforto durante o primeiro ano: um estudo descobriu que cerca de 40 por cento dos bebês de nove meses ainda não tinham dormido uma noite inteira. Como um pai conta:

> "O problema não era o acordar nos primeiros meses — nós já estávamos esperando, mas sim o fato de a situação não mudar. Seis meses depois, nós ainda não conseguíamos ter uma noite decente de sono."

A falta de descanso também pode fazer com que você fique deprimida, bem como piorar a depressão. Mais uma vez, desenvolve-se um círculo vicioso: a exaustão desencadeia ou exacerba a depressão, o que pode causar problemas no sono, deixando a nova mãe ainda mais cansada. No fim das contas, é difícil saber quais emoções decorrem do extremo cansaço e quais são causadas pela depressão — um dos motivos pelos quais costuma ser difícil para os médicos diagnosticar a depressão pós-parto.

Se seu bebê, depois dos primeiros meses, ainda não tiver uma rotina de sono ininterrupto, existem algumas medidas que podem ajudá-la a lutar contra o cansaço e a fazer seu bebê dormir melhor durante a noite.

112 *Depressão pós-parto*

- Cuide de sua saúde, coma bem e faça um pouco de exercícios ao ar livre.
- Junte-se ao bebê quando ele tirar sonecas durante o dia. Sempre existe a tentação de aproveitar o tempo em que o bebê dorme para cuidar da casa, mas se você está sofrendo de extremo cansaço, é bem melhor descansar nesse período. Se achar difícil dormir, simplesmente faça algo relaxante: coloque os pés para cima, leia um livro ou revista, assista a um programa leve na televisão, pinte as unhas, coloque os pés de molho — qualquer coisa que exija pouco esforço, mas que você relaxe e goste.
- Aprenda a relaxar. Uma rotina de 15 minutos de relaxamento enquanto o bebê dorme pode revigorá-la, mesmo que você não durma. Há mais sobre técnicas de relaxamento no Capítulo 5.
- Peça para alguém levantar para ver o bebê em seu lugar. Se seu companheiro também costuma acordar durante a noite, ele pode não ser a pessoa mais adequada, pois também estará cansado. Se possível, peça a sua mãe ou sogra, uma amiga próxima ou outro membro da família para ficar durante a noite e ajudá-la para que vocês dois possam ter um pouco de descanso.
- Pode ser que seu bebê crie hábitos de sono "anti-sociais", e há medidas que você pode tomar para tentar guiá-lo a uma rotina de sono (ver p. 113).

Se as coisas realmente continuarem ruins e os problemas de sono de seu bebê estiverem contribuindo para sua depressão, procure ajuda externa. Seu médico ou profissional de saúde terão os conselhos adequados para sua situação e o centro de saúde local poderá até ter uma clínica de sono à qual seu médico poderá recomendá-la. Essas clínicas, embora ainda raras, estão se tornando cada vez mais comuns e têm tido muito sucesso em ajudar os pais cujos bebês passam por dificuldades para dormir.

Enfrentando problemas nos cuidados com o bebê **113**

Estabelecendo uma rotina de sono

Os bebês precisam ter uma rotina de algum tipo; na verdade, eles sentem-se confortáveis com rotina em vários aspectos — ficam mais tranqüilos se sabem o que esperar, e quando. O sono não é uma exceção; portanto, é importante estabelecer o mais depressa possível uma rotina para dormir.

- Mantenha um horário exato para você e o bebê irem para a cama e tirarem sonecas durante o dia.
- Cuide para que a hora de dormir seja um período em que não haja muita agitação ou barulho. Tente ler livros, cantar ou apenas conversar com seu bebê. É melhor sossegá-lo no próprio quarto, pois outros lugares oferecem mais distrações.
- Tenha uma rotina de atividades estabelecida, por exemplo, tomar banho, mamar, sossegar, depois dormir.
- Tente colocar o bebê acordado no berço em vez de deixá-lo dormir enquanto mama ou aninhado em seus braços. O bebê acabará aprendendo a adormecer sozinho, e essa conduta pode ajudar.
- Tenha uma rima ou frase para repetir na hora de dormir, mesmo que seja apenas "boa noite, durma bem", para ele saber que está na hora de dormir. Se possível, não fique no quarto enquanto ele adormece.
- Procure evitar levá-lo de volta para a sala, por exemplo, depois que o colocou no berço. Isso apenas demonstra que a hora de dormir é flexível desde que ele grite e chore alto o suficiente. É melhor você ir até o bebê e ficar lá um pouco.
- Se ele acordar durante a noite, seja o mais indiferente possível. Não fale muito ou cante, nem brinque; converse o mínimo possível para acalmar o bebê. Não ofereça a mamadeira para bebês maiores (uma bela

114   *Depressão pós-parto*

recompensa por ter acordado) depois de ter passado o horário da última mamada; prefira dar água. Compre um abajur com ajuste para manter a iluminação fraca, ou deixe a luz acesa em outro quarto. A mensagem básica que você deve passar para o bebê é que a noite é para dormir, não para brincar.

Se os problemas para dormir continuarem, há uma série de alternativas. Por um lado, você pode achar que dormirá melhor se colocar o bebê na cama com você. Essa abordagem funciona para muitos pais: a amamentação fica fácil (você nem precisa sair da cama), o bebê está seguro, pois você está sempre perto, e como ele dorme melhor, você também dorme. Entretanto, muitos bebês não gostam de voltar para o berço, o que pode se transformar em um problema mais tarde, quando seu pequeno e silencioso bebê tiver um ano. Também é verdade que muitos bebês não gostam de ficar com a mamãe e o papai, possivelmente por ser muito quente.

No outro extremo, existe a abordagem de "choro controlado" para estabelecer uma rotina de dormir. Consiste basicamente em colocar seu bebê no berço e deixá-lo chorar até dormir; você pode entrar no quarto em intervalos regulares, mas apenas para tranqüilizá-lo. O plano passo a passo é:

- Estabeleça uma rotina de dormir relaxante (ver acima), depois coloque o bebê no berço, diga boa-noite e saia do quarto. Seja firme e mostre que falou sério.
- Se ele chorar, tranqüilize-o rapidamente, depois saia de novo. Se o choro recomeçar, espere dois minutos e repita o processo de tranqüilizá-lo, pegando-o apenas se for necessário acalmá-lo e somente por alguns minutos antes de recolocá-lo no berço.
- Siga o mesmo procedimento se ele acordar à noite.

Enfrentando problemas nos cuidados com o bebê   115

De acordo com os defensores dessa abordagem, ela pode significar duas ou três noites de sono muito interrompido com bastante choro (provavelmente tanto dos pais quanto do bebê), mas finalmente o bebê compreenderá que a noite serve para dormir. Não é uma estratégia fácil de seguir, e também não funciona para todos os bebês: um bebê chora porque quer a mãe (ou o pai); se você não aparecer — ou aparecer e sair —, o bebê pode achar que não pode confiar em você, o que talvez aumente ainda mais a ansiedade e estresse dele. Portanto, se depois de quatro noites de choro houver poucos sinais de melhora, peça conselhos ao seu médico ou profissional de saúde.

A abordagem a ser escolhida depende de você, do bebê e de sua situação. Muitos pais não gostam da idéia de compartilhar a cama; outros acham que o choro controlado é uma atitude muito desumana. Mas se a falta de sono estiver causando maiores problemas à família, incluindo depressão, então é vital tomar alguma atitude.

O BEBÊ CHORÃO

Ter um bebê que chora demais pode desencadear ou exacerbar a depressão, bem como causar — especialmente à mãe — frustração, preocupação, culpa e desespero.

Antes de mais nada, vale a pena lembrar que todos os bebês choram, a diferença está apenas na intensidade. Chorar nas primeiras semanas, antes mesmo de aprender a sorrir, é sua única forma de comunicação. Pode significar "Estou com fome", "Fiz xixi ou cocô", "Estou com calor", "Estou com frio", "Estou com gases", "Estou com dor", ou, simplesmente, "Preciso de você".

Os bebês também costumam ter um "período de choro" quando o choro ganha uma nova intensidade. Normalmente chamada de cólica dos três meses, pois ocorre nos

116   *Depressão pós-parto*

três ou quatro primeiros meses após o nascimento, pode parecer que o bebê está com dores, dobrando as pernas na direção do estômago. Esse período de choro costuma acontecer no mesmo horário todos os dias, normalmente ao cair da noite (e às vezes dura até as 10 ou 11 horas da noite), bem na hora em que os pais estão mais exaustos. Durante esse período, o bebê chorará inconsolavelmente. Os pais podem tentar de tudo — dar de mamar, trocar a fralda, segurar no colo, confortá-lo, e assim por diante — sem resultados.

É difícil lidar com a "cólica dos três meses", ainda mais por haver a preocupação de o bebê estar doente, e não apenas chorando. Mas parece que é parte normal do desenvolvimento. Ainda não sabemos por que ocorre: pode ser por gases, cansaço ou, mais provavelmente, uma resposta a todos os estímulos do dia no desenvolvimento dos sentidos do bebê. Mas com o tempo você aprenderá quando é o período de choro de seu bebê e saberá interpretar o choro de modo que conseguirá descobrir quando há algo de errado. Como sempre, se estiver preocupada, telefone para o médico.

Depois de um tempo, a maioria das mães torna-se perita em interpretar o choro do bebê e saber o que ele está dizendo. Isso não acontece logo no início, quando a mãe e o bebê ainda estão se conhecendo; e algumas vezes demora para acontecer, dependendo da mãe e da criança. Se, por exemplo, uma mãe tiver depressão, a comunicação pode ser interrompida, e ela pode não ser capaz de compreender o que o bebê deseja, o que o deixará mais difícil e chorão e a mãe mais deprimida. É por esse motivo que é tão importante as mães procurarem ajuda logo no início da depressão, de modo que o problema possa ser cortado pela raiz, antes que surjam problemas de comunicação entre a mãe e o bebê, piorando a situação.

Enfrentando problemas nos cuidados com o bebê **117**

Técnicas para confortar o bebê

Se seu bebê está chorando, primeiro verifique se algum dos seguintes itens está causando o problema:

- Alguma coisa o está machucando, como um pedaço de lã enrolado no dedo, a fralda apertada, roupas desconfortáveis, e assim por diante?
- Ele está com fome ou com sede?
- A fralda está limpa?
- Está com gases?
- Está muito quente ou muito frio?
- Está entediado?
- Os dentes estão começando a nascer?
- Ele precisa de colo?
- Está muito excitado e precisando de tempo para se recuperar?
- Está doente ou com febre?

Se nenhuma dessas alternativas for a causa do problema, existem outras táticas que podem ser experimentadas para acalmar e confortar um bebê chorão.

- Movimentar-se quase sempre ajuda, então ande com o bebê no colo pela casa. Descubra que tipo de movimento o conforta; alguns bebês gostam da oscilação da cadeira de balanço, outros de movimentos delicados de vaivém.
- Compre um bebê-conforto e leve-o para onde for, independentemente do que estiver fazendo. Ele pode gostar da segurança de estar a seu lado.
- Dê-lhe um banho.
- Coloque o bebê no carrinho e saia para dar um passeio. O movimento e a mudança de ares costumam ajudar.
- Vá dar uma volta de carro com o bebê. Mais uma vez, o movimento parece incitar os bebês a adormecer.

118   *Depressão pós-parto*

- Coloque-o perto da máquina de lavar roupa ou da máquina de lavar louça, se estiverem ligadas. O barulho pode acalmar bebês.
- Coloque-o olhando para uma janela, onde ele possa ver galhos ou nuvens se mexendo; no verão, abra a janela e deixe a brisa movimentar as cortinas. No calor, pode colocá-lo no carrinho ou no bebê-conforto no jardim; apenas deixe-o em um lugar onde possa vê-lo.
- Experimente dar-lhe uma chupeta por curtos períodos, mas tire-a antes dos primeiros meses para que não se torne um acessório permanente.

Chegando ao seu máximo

O choro realmente pode levá-la a seu limite, se for implacável e quase não houver o que fazer para confortar seu bebê. Nessa situação, você pode achar que está prestes a machucar seu bebê, então é de vital importância afastar-se dele. Se possível, telefone para alguém e peça-lhe para ficar algumas horas com seu filho enquanto você sai de casa. Se não for possível, coloque seu bebê em algum lugar em que ele não possa se machucar (no moisés ou berço) e saia do quarto, afaste-se do choro e se acalme. As técnicas de relaxamento do Capítulo 5 (ver p. 99) podem ajudá-la, ou você pode descontar toda sua frustração em um objeto inanimado, como uma almofada ou colchão. Grite se sentir vontade. Quando estiver mais calma, volte para junto do bebê.

Também existem organizações que você pode contactar para pedir apoio e conselhos sobre como lidar com um bebê chorão. Elas também lhe darão conselhos sobre depressão, pois é bem provável que seja o caso. Algumas oferecem telefones de pessoas para aconselhá-la em momentos de crise, e os atendentes costumam ser pais que

Enfrentando problemas nos cuidados com o bebê   119

tiveram um bebê chorão; portanto, compreenderão o que você está enfrentando.

PEÇA AJUDA

Esses primeiros meses com o bebê provavelmente estão entre os mais estressantes pelos quais você passará; portanto, sempre que lhe for oferecida, aceite ajuda, desde que a oferta seja sincera e que você conheça a pessoa, e não seja alguém que venha com essa desculpa para conversar, tomar café e deixar uma pilha de louça suja para trás! Se precisar de ajuda e conhecer alguém que poderia ajudar, não se envergonhe em pedir. É bem provável que ela ainda não tenha se oferecido porque você passou a impressão de que está tudo bem e que não precisa de ajuda.

Seja específica sobre o tipo de ajuda que você gostaria de ter. Pode ser cozinhar ou trazer uma refeição pronta; limpar um pouco a casa ou fazer serviços domésticos; cuidar do bebê enquanto você toma banho, vai às compras ou apenas descansa; fazer as compras; levar você e o bebê ao médico ou clínica, evitando a inconveniência de esperar um ônibus.

Além das atividades práticas, outras pessoas também podem apoiá-la emocionalmente. Se tiver amigos que tenham filhos, entre em contato com eles ou restabeleça o contato se houve uma separação durante a gravidez ou devido à sua depressão.

Se não conhecer ninguém nas redondezas, descubra se há algum grupo de mães em ação. Há uma série de grupos de apoio, alguns dos quais marcam um ponto de encontro para mães com bebês e crianças novas, e outros que oferecem ajuda especializada, por exemplo, para mães que amamentam, mães que trabalham, ou aquelas que sofrem de depressão pós-parto:

120 *Depressão pós-parto*

> *"Foi um alívio tão grande encontrar alguém que sentia o mesmo que eu",*
> *disse Felicity, que começou a freqüentar um grupo de apoio pós-parto local,*
> *recomendado por seu médico. "Uma mãe tinha um filho com seis meses a*
> *mais do que Libby, mas não sei explicar o quanto me senti aliviada quando*
> *ela descreveu sua depressão. Seus sentimentos eram bastante semelhantes*
> *aos que eu estava tendo."*

Para descobrir se existe esse tipo de grupo em sua região, consulte o quadro de avisos em sua clínica, pergunte ao médico ou profissional de saúde ou contate alguma organização de ajuda.

Tente não se sentir envergonhada ou deprimida por se juntar a um grupo de mães. Pode parecer desestimulador entrar em uma sala cheia de estranhos, mas lembre-se de que essas mães também não se conheciam antes de ingressar no grupo, e que vocês todas têm algo em comum: seus bebês. As outras mães estão lá porque também querem e precisam de ajuda e de uma chance para conversar sobre suas preocupações. Descobrir que as mães sentem-se da mesma maneira e têm problemas semelhantes — sejam eles emocionais ou práticos — pode minimizar suas preocupações. Nunca se sabe, você pode até se pegar rindo delas.

> *"A primeira vez eu ri de uma mãe que conversava com outras mães sobre o*
> *sofrimento da amamentação", relembra Georgina. "Todas tínhamos experiências semelhantes e, de repente, toda a dor, os vazamentos, as horas*
> *imaginando se o bebê estava mamando ou dormindo, estavam ali na minha*
> *frente e não me pareceram tão ruins."*

CAPÍTULO 7

Depressão pós-parto e bebês especiais

Se a depressão pode ser um problema para uma mãe com um bebê saudável, é lógico que será um problema bem maior para mães de múltiplos, ou aquelas cujo bebê esteja doente ou incapacitado. Estudos sustentam essa afirmação: mães de gêmeos, por exemplo, têm quase o dobro de chances de desenvolver a depressão pós-parto nos primeiros seis meses após o parto, comparando-se com mães de um só bebê.

Para famílias que têm gêmeos ou mais bebês, ou um bebê doente ou incapacitado, as pressões normais aumentam ainda mais. Nesses casos, os pais têm menos tempo para si mesmos e para quaisquer outras crianças na família, e a mãe pode ficar ainda mais isolada, pelo simples motivo de poder sair menos de casa do que as outras mães.

MAIS DE UM BEBÊ

As pressões de ter mais de um recém-nascido começam no parto. É mais provável que mães de múltiplos tenham um parto com intervenção. Por exemplo, 65 por cento dos partos de gêmeos no Reino Unido são feitos por meio de cesariana. Como já mencionado no Capítulo 2, os partos assistidos, em especial as cesarianas, são um fator de risco para a depressão pós-parto. Uma gravidez múltipla também aumenta a probabilidade de os bebês nascerem prematuros e com peso abaixo do normal. Então, desde o início necessitam de cuidados especiais. Esses bebês correm um risco maior de ter problemas de saúde ou incapacidade. A incidência de paralisia cerebral, por exemplo, aumenta

122   *Depressão pós-parto*

cinco vezes em múltiplos. Recém-nascidos doentes podem passar as primeiras semanas na unidade de terapia intensiva neonatal e gêmeos podem nem receber cuidados na mesma clínica, se um dos bebês tiver que ir para uma unidade especializada. Isso significa que os pais terão de dividir seu tempo entre um hospital e outro.

Infelizmente, os nascimentos de múltiplos também aumentam o risco de morte perinatal, e os pais podem se encontrar na angustiante situação de tristeza devido à morte de um bebê ao mesmo tempo que tentam cuidar e estabelecer um relacionamento com o recém-nascido sobrevivente. Na verdade, eles estão comemorando e se lamentando ao mesmo tempo.

Assim que saem do hospital, os pais de gêmeos e múltiplos geralmente recebem muito pouca ajuda extra, embora mesmo os cuidados básicos de atender a um recém-nascido sejam enormes. Demora mais tempo para se conseguir amamentá-los e estabelecer uma rotina de amamentação: a arte de amamentar dois ou três bebês é difícil de aprender e é comum que as mães não recebam muita informação sobre como ter sucesso ao amamentar múltiplos. Os problemas com choro se intensificam, pois os bebês podem ter cada um seu horário, ou desenvolver o mesmo "período de choro", de modo que você precise acalmar dois ou três de uma só vez. Como uma mãe de trigêmeos conta: "Eu tinha apenas dois braços. Se fosse pegá-los no colo, sempre tinha de decidir qual ficaria no berço".

Como já foi mencionado, a falta de apoio é um dos motivos mais significativos para o desenvolvimento da depressão pós-parto. Mães de múltiplos podem ficar muito isoladas, pois é mais difícil sair com eles de casa (fazer compras com trigêmeos é um pesadelo logístico); é bem provável que estejam com o orçamento apertado e tenham mais trabalho físico para enfrentar nos cuidados com o bebê do que outras mães. Como resultado, elas perdem

Depressão pós-parto e bebês especiais   123

apoio moral de outros pais ou *feedback* sobre preocupações com o cuidado do bebê.

Também pode ser difícil para outros membros da família ajudarem. Os avós — normalmente o esteio das novas mães — podem estar dispostos a ajudar, mas não ter capacidade para fazê-lo: cuidar de um recém-nascido já sobrecarrega uma pessoa de idade, mas dois ou três? Além disso, as pessoas olhando de fora nem sempre sabem como o trabalho e a pressão emocional aumentam quando se tem mais de um bebê.

As mães de múltiplos também não têm tempo para ficar sozinhas e podem começar a sentir-se sufocadas com a maternidade. Emocionalmente, pode ser esgotante compartilhar seu amor com dois ou mais recém-nascidos, todos chorando por atenção. Estabelecer uma boa comunicação entre a mãe e o bebê será mais difícil, e a depressão aumenta as dificuldades de comunicação.

O segredo para superar a depressão se você for mãe de gêmeos ou mais bebês é apoio, apoio, apoio. Qualquer mãe nessa situação deve ter muita persistência em procurar esse apoio, seja onde for.

Se estiver deprimida, fale com seu médico ou profissional de saúde. Você receberá tratamento imediato e também abrirá a possibilidade de ajuda prática sob a forma de uma enfermeira, ou residentes, que a visitarão com freqüência.

Descubra que tipo de ajuda há disponível para mães de múltiplos, por exemplo, ajuda em casa, babás, assistência para famílias de baixa renda e outros benefícios financeiros. Procure instituições de caridade e organizações voluntárias que possam lhe oferecer assistência. Infelizmente, não existe muita ajuda oficial para pais de múltiplos e, quando têm direito a algo, normalmente é preciso muita persistência para consegui-lo. Por conta própria, você pode tentar se aproximar de hospitais para ver se há enfermeiras ou resi-

124   *Depressão pós-parto*

dentes que estariam interessados em ganhar experiência trabalhando com gêmeos ou mais bebês.

Não tente esconder os problemas de sua família e amigos que possam ajudá-la. Se eles oferecerem ajuda, diga-lhes exatamente o que gostaria que fizessem. Mesmo se não souberem lidar com cuidados práticos com o bebê — alimentar, trocar a fralda etc. —, ainda há uma série de outras atividades que consomem seu tempo, e que eles poderiam realizar sem problemas: lavar roupa, colocar a louça na máquina ou lavá-la, passar o aspirador, fazer compras, trazer ou preparar uma refeição, e assim por diante.

Tente conhecer outras mães na mesma situação para que tenha alguém com quem dividir seus problemas e preocupações. Procure informações sobre organizações que se dedicam a nascimentos de gêmeos e múltiplos perto de sua casa.

Ter mais de um recém-nascido dá muito trabalho, mas a maioria das mães de gêmeos ou mais bebês admite que fica mais fácil à medida que as crianças vão crescendo e o esforço físico e cansaço de ter recém-nascidos cede lugar a crianças começando a andar que são mais capazes de se virar sozinhas. Uma vantagem de ter mais de um bebê é que eles já têm companheiros para brincar, mesmo que briguem mais do que concordem!

DEPRESSÃO DEPOIS DE CONCEPÇÃO ASSISTIDA

Pode ser difícil entender por que mulheres que estavam desesperadas para ter um bebê sucumbem à depressão quando seu desejo se torna realidade. Talvez o tratamento de fertilidade em si cause mais desequilíbrios hormonais do que normalmente acontece em uma gravidez. Existem pesquisas que sugerem que a depressão grave na semana seguinte ao parto é mais comum em mulheres que fizeram tratamento de fertilidade para conceber. Mas há outros motivos sociais e emocionais para a depressão pós-parto surgir como um risco para mães que fizeram tratamento de fertilidade.

Em primeiro lugar, se um casal vem fazendo tratamento de fertilidade há algum tempo, pode ficar difícil para eles ver além da vontade de engravidar. Então, quando o bebê nasce, é quase um choque, e tem início a vida em família. É possível que apenas nesse momento os novos pais se dêem conta da responsabilidade de ter de cuidar de um bebê, e podem surgir sentimentos de ansiedade e pânico que levariam à depressão quando misturados com fadiga e estresse.

Em segundo lugar, as mães que concebem após tratamento de fertilidade podem ter expectativas maiores tanto em relação à maternidade quanto a si mesmas do que aquelas que engravidam imediatamente. O sentimento é "Eu quero esse bebê há tanto tempo, vou amá-lo e cuidar muito bem dele. Tudo será perfeito". Mas a realidade não é bem assim e pode ser difícil para novas mães nessa situação reconciliar a imagem que tinham de si mesmas com a pessoa cansada, rabugenta, impaciente e frustrada na qual a maternidade as transformou.

As pessoas próximas da mãe também podem ter grandes expectativas sobre ela, pois ela queria muito um bebê. Desse modo, podem não oferecer tanta ajuda quanto o fariam normalmente, achando que a mãe preferirá cuidar sozinha do bebê. Ter grandes expectativas e pouco apoio é um golpe duplo para novas mães, que de repente se vêem em um mundo totalmente desconhecido.

Também é mais provável que mulheres que tiveram concepção assistida tenham um parto assistido, pois os médicos e pais ficam preocupados com que possa haver um problema de última hora. Mais uma vez, o fato de não ser capaz de ter um parto normal pode diminuir suas expectativas e fazer com que se sinta menos no controle.

126 *Depressão pós-parto*

O controle é um aspecto interessante da concepção assistida, e que pode ter uma certa influência na depressão pós-parto. Muitas mulheres que concebem espontaneamente falam sobre sentir-se "fora de controle" durante o parto se os procedimentos lhe forem tirados das mãos por uma equipe médica. Assim, acredita-se que a renúncia a esse controle esteja envolvida na criação de um círculo de apreensão e ansiedade nas novas mães, o que pode aumentar a probabilidade da depressão. Já na concepção assistida, o controle é passado para as mãos dos médicos logo no início: eles têm controle sobre a concepção, a gravidez e o parto. Mas uma vez que o parto acaba e a mãe e o bebê voltam para casa, o controle volta, de repente, totalmente para as mãos da mãe.

> *"Realmente achei que tinha sido abandonada", conta uma mãe que fez um tratamento de fertilização in vitro e engravidou depois de três anos de tentativas. "Depois de toda a atenção, eu me vi sozinha e, para ser sincera, não sabia o que fazer. Achei que seria uma mãe maravilhosa mesmo não tendo concebido naturalmente. Mas isso não aconteceu."*

A maioria das medidas apresentadas nos Capítulos 5 e 6 será importante para mães sofrendo de depressão depois de uma concepção assistida, mas elas contam com organizações especializadas em problemas de fertilidade que também oferecem conselhos pós-parto para pessoas se adaptando à nova condição de pais. Elas podem colocá-la em contato com outros pais que também passaram por uma concepção assistida. O hospital no qual você ficou internada também pode ter um registro de casos semelhantes.

Encontrar outras mães geralmente também pode ajudá-la a adaptar-se à normalidade de sua situação e relativizar suas expectativas quanto à maternidade. No mínimo, você verá como outras mães — independentemente do quanto desejaram e amam seu bebê — também perdem a paciência,

Depressão pós-parto e bebês especiais   127

sentem-se frustradas, não conseguem manter a casa limpa e enfrentam noites e noites de sono interrompido!

SE SEU BEBÊ É DOENTE OU INCAPACITADO

Os avanços na tecnologia e obstetrícia moderna nos levam a crer que os bebês sempre nascerão saudáveis. Mas, infelizmente, não é o que acontece. Há muitos bebês que nascem doentes ou que têm algum tipo de incapacidade mental ou física. Devido ao fato de termos grandes expectativas de que tudo dará certo, pode ser um choque terrível para os pais descobrir que seu bebê tem um problema, e certamente pode dificultar o estabelecimento de um relacionamento próximo com o bebê, pelo menos nos primeiros dias.

Cuidar de um bebê nessa situação também exige mais dos pais, e eles também passarão por mais oscilações emocionais (ansiedade, esperança, desapontamento) e, com freqüência, culpa, por acharem que o problema foi causado por algo que fizeram. As mães nessa situação têm mais chances de desenvolver a depressão.

Bebês que precisam de cuidados especiais

Há uma série de motivos para um recém-nascido precisar passar algum tempo na unidade de tratamento intensivo infantil, e nem sempre são sérios. Bebês prematuros ou abaixo do peso normalmente costumam passar algum tempo sob cuidados especiais. Outros motivos incluem: icterícia, problemas físicos como fenda palatina ou quadril estalante, e complicações mais sérias, como bebês que nascem precisando de cirurgia ou aqueles com alguma incapacidade.

Ter um bebê na unidade de tratamento intensivo infantil pode ser uma experiência desnorteante e angustiante

128 *Depressão pós-parto*

para os pais. É fácil sentir que o cuidado com o novo bebê foi passado para as mãos de pediatras e enfermeiras. Freqüentemente, a mãe é colocada em uma ala do hospital junto com mães de bebês saudáveis, o que é um fardo emocional adicional, pois ela observa outras mães cuidando e segurando seus bebês saudáveis.

A unidade de tratamento intensivo infantil pode ser assustadora para os pais, por mais determinados que estejam a ficar ao lado do bebê. Todos os monitores, fios e equipamentos podem fazer com que evitem tocar os filhos, temendo tirar algo do lugar ou machucá-los. Os pais também podem sentir desânimo e culpa por estar o bebê vivendo essa experiência traumática tão cedo na vida; alguns até se culpam, mesmo que não exista um culpado nesse caso.

Se seu bebê continuar sob cuidados especiais depois de você ter recebido alta, pode ser difícil visitá-lo, ainda mais se estiver em um hospital longe de sua casa, ou se você tiver outros filhos para cuidar. Também existe a culpa sempre presente sobre as condições do bebê, e as preces incessantes para que tudo esteja bem.

Essas são pressões muito particulares e é fácil ficar deprimida, tanto enquanto tudo está acontecendo como em uma reação atrasada, uma vez que a pressão imediata acabe. Todas suas expectativas sobre começar a vida com seu bebê foram colocadas de lado e pode parecer que você se sinta sem préstimo, com estranhos assumindo o cuidado que deveria ser seu.

Se estiver nessa situação, procure aliviar as pressões emocionais. Visite seu bebê o máximo que puder e pegue-o no colo sempre que possível para que ele conheça seu toque, o som de sua voz e seu cheiro. Um bebê responde muito depressa à mãe, pois já a conhece devido aos nove meses que passou em sua barriga! Ele logo a reconhecerá e a preferirá dentre as outras pessoas que cuidam dele.

Depressão pós-parto e bebês especiais   129

Tente dar leite materno, pois é a melhor proteção contra infecções para o bebê vulnerável. Talvez seja necessário que você tire leite até ele poder mamar no seio. A equipe de enfermagem a ajudará a tirar leite e também a alimentar seu bebê dessa maneira.

Converse com seu companheiro sobre como você está se sentindo e estimule-o a conversar com você, para que criem uma comunicação dual, preparando-se para quando o bebê chegar em casa.

Procure não esconder suas emoções, encontre alguém com quem conversar. Pode ser seu companheiro, mas caso sinta que não pode ser muito aberta por temer aumentar o sofrimento dele, procure outra pessoa com quem simpatize e que possa ser uma boa ouvinte.

Não se preocupe se você não se sentir muito próxima de seu bebê nesse momento. Os cuidados especiais podem distanciar os pais do bebê. Quando o bebê voltar para casa, sigam os conselhos do hospital, mas também procurem ser pais normais e parem de achar que seu bebê é diferente. Vocês são pais normais com um bebê normal — acabaram de começar uma vida em família que é um pouco diferente da dos outros pais. E o bebê estará pronto para estabelecer uma ligação com vocês.

Se acha que está ficando muito deprimida e incapaz de lidar com a pressão de ter um bebê doente, procure auxílio. Nessas situações, o aconselhamento pode ajudá-la a compreender o que está acontecendo e a estabelecer um relacionamento normal assim que o bebê sair dos cuidados especiais.

Bebês incapacitados

Descobrir que seu bebê recém-nascido tem uma incapacidade física ou mental traz à tona as mais conflitantes emoções.

130   *Depressão pós-parto*

A alegria de ter um bebê novo é amenizada pela confusão sobre qual é o problema exato, junto com o sofrimento, rejeição, culpa, preocupação e desapontamento. Muitos pais acham que demora um tempo para se acostumarem ao fato de que seu bebê não será "normal"; pode haver sentimentos de culpa ou fracasso por não terem gerado a criança perfeita que o mundo espera. Você também pode achar difícil estabelecer uma ligação com ele; alguns pais acham uma deformidade física repugnante (por não ser "normal") e isso os impede de interagir com o bebê de maneira natural, ou tanto quanto acham que deveriam, o que alimenta a culpa.

Outra barreira são as reações das pessoas. Depois de você ter aceitado a incapacidade de seu bebê, precisa contar às outras pessoas e acostumar-se às respostas; mesmo lidar com a compaixão pode ser difícil.

Ann é mãe de Gilly, três anos, que tem síndrome de Down:

> *"Quando ela nasceu, as pessoas ficavam dizendo: 'Sinto muito'. Eu pensei, por que eles estão falando isso? Será que Gilly está abaixo do padrão e eles acham que precisam ter piedade de mim? Ou sentem pena de mim? Eu não sentia pena de mim mesma. Aceitamos o fato de Gilly ter a síndrome de Down e continuamos com nossas vidas. Mas eu detestava ter de contar às outras pessoas. No fim das contas, parei de falar qualquer coisa e apenas suportava os olhares de canto de olho, mas eu ficava péssima. Fiquei muito isolada e deprimida. Não parei de amar Gilly, mas não conseguia fazer nada. Eu só cuidava de Gilly, e devo admitir que era ela quem me dava forças para continuar. Finalmente, meus pais me persuadiram a consultar um médico, que me prescreveu antidepressivos e me deu o número de telefone de um grupo de apoio à síndrome de Down local. Foi uma longa caminhada, mas o remédio me deu o empurrão que eu precisava para sair mais, e os outros pais no grupo de apoio foram maravilhosos."*

Um bebê com uma incapacidade grave é uma mudança enorme para os pais, pois altera todas as nossas expectativas

Depressão pós-parto e bebês especiais 131

sobre o futuro. Aceitar que você tem um filho que talvez nunca seja independente pode ser algo assustador e deprimente a longo prazo, e os pais não costumam estar preparados e precisam de ajuda e apoio para enfrentar a situação.

Se estiver ficando deprimida, mais uma vez frisamos que é importante procurar ajuda o mais depressa possível, pois você está em uma posição particularmente desafiadora com um bebê que exige demais. Os médicos e outros profissionais de saúde envolvidos — bem como as pessoas especializadas em cuidar do bebê com as quais você mantém contato — compreenderão o que você está passando e sabem como é importante o apoio emocional. Os grupos de apoio para a incapacidade de seu bebê são uma fonte valiosa de aconselhamento e estímulo nesse período difícil. Eles também podem informá-la sobre o tipo de ajuda prática e médica de que você precisa e como obter essa assistência.

Você também deve procurar conversar honestamente sobre seus sentimentos com seu companheiro e estimulá-lo a fazer o mesmo, não importando se esses sentimentos forem negativos. Somente se for honesta poderá encontrar meios de agüentar, permanecer forte e seguir em frente.

Por último, tente não comparar seu bebê com os outros. Seu filho é único e, portanto, incomparável. Avalie seu progresso e realizações apenas sob esse aspecto, e conte um dia de cada vez.

Seu filho também pode monopolizar sua vida, de modo que você tenha pouco tempo para si mesma, uma situação que não é saudável para ambos. Uma mãe feliz, realizada, é uma pessoa mais positiva para se ter por perto do que uma pessoa que sinta, embora inconscientemente, que sacrificou sua vida pelo filho. Então, cuide para ter interesses e atividades externas que lhe permitam relaxar e ser você mesma.

132 *Depressão pós-parto*

SE SEU BEBÊ MORRER

Todos os pais pensam "e se..." e rezam para nunca ter de passar pela morte de seu bebê. É o mais impensável dos acontecimentos. Todos nós esperamos ver nossos filhos crescer, construir suas próprias vidas e viver mais do que nós. Apesar disso, é um triste fato alguns bebês morrerem, seja por parto de natimorto, pouco depois do nascimento devido a uma doença, ou depois, por doença, acidente ou síndrome de morte súbita infantil.

O aborto — muito freqüentemente ignorado nesse contexto — é, para muitas mulheres, a morte de um bebê muito desejado.

Sabemos que ter uma perda anterior por síndrome de morte súbita infantil ou aborto pode aumentar o risco de a depressão pós-parto se desenvolver com um bebê subseqüente, mas a depressão também pode ser uma das diversas emoções que os pais passam logo em seguida à morte de um bebê.

O sofrimento é bem diferente da depressão em si, embora muitos dos sinais externos sejam os mesmos. O sofrimento, na verdade, é um processo necessário para permitir que pais consternados visualizem seu filho descansando em suas próprias mentes e superem o que aconteceu. Inicialmente, envolve descrença ou rejeição, depois raiva, culpa, medo, grande tristeza e finalmente aceitação e resolução, e a capacidade de seguir em frente. Pais consternados sentem-se irritados por não conseguirem compreender por que seu bebê lhes foi tirado, e esse sentimento pode seguir em diferentes direções: ao mundo, por continuar sem se importar com o que lhes aconteceu; a outros pais que não perderam um bebê e estão contentes; a Deus e mesmo ao bebê por não ter conseguido sobreviver, causando tamanha tristeza aos pais. A culpa tende a enfocar o que você fez ou não que possa ter contribuído para a morte, mesmo que, na

Depressão pós-parto e bebês especiais 133

grande maioria dos casos, absolutamente não exista culpa de ninguém.

O medo da morte e do desconhecido também podem figurar em grande escala e, sendo assim, os pais precisam encontrar suas próprias respostas e conforto. Ter fortes crenças religiosas pode ajudar, além de poder confortar e ajudá-la a aceitar o fato de seu filho ter morrido. Também pode afastar o temor da morte se acreditar que seu filho está no céu, ou caminhando para outra vida, com pessoas queridas que já se foram ou apenas por não estar sofrendo mais.

Enfrentar esse período de sofrimento sem conseguir aceitar a morte pode causar o desenvolvimento da depressão, mas não se trata de depressão pós-parto. Se estiver nessa situação, consulte seu médico, uma organização de apoio ou uma pessoa que possa aconselhá-la sobre a perda. Também existem excelentes livros específicos sobre perdas e que oferecem conselhos e apoio de uma forma mais profunda.

CAPÍTULO 8

A vida depois da depressão pós-parto

Das profundidades da depressão, costuma ser difícil visualizar um tempo em que você não se sentirá mais assim. Mas, depois que procuram ajuda para a doença, muitas mulheres se surpreendem ao ver como começam a se recuperar rápido. Nessa fase, você começará a ver uma luz no fim do túnel, e estará cheia de esperanças para tirar a depressão do seu caminho de uma vez por todas. As seções de auto-ajuda deste livro se encaixarão sozinhas, e você pode tentar reestruturar sua vida familiar de outras maneiras também.

APROXIME-SE DE SEU BEBÊ

Se acha que não se aproximou o suficiente de seu bebê devido à depressão, procure fazer um contato maior agora. Se acha difícil segurar no colo ou abraçar seu bebê, faça coisas que estimulem a proximidade nesse momento, mas que não o afoguem de repente com demandas por afeição. Dançar, ninar na hora de dormir, ler livros juntos são gestos que introduzirão a proximidade. A massagem em bebês também é uma ótima maneira de ajudar a mãe e o bebê a estabelecerem contato.

Mais tarde, introduza brincadeiras com os dedos e de ação. Há muitos livros com brincadeiras para bebês, caso você não se lembre daquelas de sua própria infância. Assim, vocês estarão fazendo coisas juntos e se divertindo; outros jogos que necessitam de sua ajuda incluem quebra-cabeças simples, formas variadas e, é claro, os primeiros

136 *Depressão pós-parto*

livros. Quando for brincar com seu bebê, fique no mesmo nível — sente ou deite-se no chão — e tente não monopolizar a brincadeira. Dê espaço para o bebê brincar com seus brinquedos sem você interferir ou se sobressair.

DESENVOLVA ATIVIDADES EM FAMÍLIA

Procure sair com o bebê pelo menos uma vez por dia para que vocês respirem ar fresco, tenham um outro cenário e uma injeção de ânimo. Descubra quais clubes e centros de atividade infantil existem em seu bairro e inscreva-se em alguns. Muitos centros esportivos oferecem atividades infantis e aulas de iniciação para bebês a preços razoáveis. Você também pode encontrar aula de música e dança infantis, clubes de contar histórias e de bebês começando a andar, onde eles possam brincar com outros brinquedos, conhecer outras crianças da mesma idade e onde você também conhecerá outras mães. No verão, há parques (que normalmente oferecem entretenimento para crianças), fazendas abertas e parques com animais. No inverno, procure locais fechados para brincar, que costumam ter áreas para bebês além de uma série de brinquedos e aparatos para a criança subir.

Mas nem tudo precisa ser tão organizado assim. Idas ao parque de diversões, alimentar os patos, ir às compras, passear no *shopping*... As crianças adoram ir a qualquer lugar, e seu entusiasmo a surpreenderá. Meu filho mais novo, com um ano e meio de idade, adorava ir a "passeios de galhos", quer dizer, gostava de ir onde pudesse pegar alguns galhos, levá-los para casa, e separá-los em seus momentos de lazer. Na verdade, crianças novas gostam de estar com os pais, fazendo alguma coisa juntos. A proximidade significa mais do que a atividade em si.

CONTINUE A TER UM TEMPO PARA VOCÊ

Ter um tempo só para você continua sendo tão importante quando a depressão estiver sob controle quanto quando você lutava contra ela: você precisa de tempo e de espaço para ser a outra pessoa em você que não está sempre "providenciando tudo". Leia de novo as sugestões apresentadas em "Tempo para si mesma" (ver p. 101) e coloque-as em prática se achar que a família está invadindo seu espaço, agora que a depressão se foi.

COMUNICAÇÃO COM SEU COMPANHEIRO

Conversar com seu companheiro continua sendo vital, mesmo quando a depressão fizer parte do passado. As necessidades de uma criança nova podem fazer com que vocês negligenciem suas próprias necessidades como casal, e manter os canais de comunicação abertos — para que possam discutir seus sentimentos (tanto negativos quanto positivos) — deixará vocês dois mais unidos.

À medida que seu bebê for crescendo, converse com seu companheiro sobre assuntos relativos aos cuidados com o bebê: como abordar os problemas, como manter uma frente unida de disciplina, e assim por diante. Tudo faz parte do desenvolvimento de fundamentos de apoio nos quais seu filho confiará.

Também é importante que você e seu companheiro tenham tempo para vocês dois, para manter o relacionamento saudável e para criar um equilíbrio entre serem adultos e pais. Tente contratar uma babá uma vez por semana para vocês poderem sair; procurem fazê-lo mesmo se estiverem cansados, pois o esforço pode recarregar suas baterias tanto quanto algumas horas de sono. Não precisam fazer nada de mais: tomar um drinque ou ir ao cinema é suficiente. O elemento vital é a proximidade entre vocês e

138   *Depressão pós-parto*

o tempo que têm para conversar e restabelecer o contato com o outro em um ambiente que não seja sua casa.

CURTA A VIDA

Aproveitar a vida não é fazer o que se quer; é aproveitar ao máximo as coisas que aparecem e não ter medo de ser feliz. Simplesmente aproveite os momentos com seu bebê que são calmos, preciosos e recompensadores sem permitir a intromissão de quaisquer pensamentos negativos ou preocupações. Algumas vezes nos preocupamos tanto com o futuro, com nossa situação e sentimentos, que não enxergamos o prazer bem debaixo de nosso nariz. Então tente parar de se preocupar, pense positivo e tire o máximo que puder de sua vida, pois, dessa forma, você está se recriando como uma pessoa positiva e mais feliz.

CURTA SEU BEBÊ

Se estiver deprimida, é fácil deixar passar o lado positivo de ser mãe, mas há tantos momentos maravilhosos que vêm como retorno de todo seu trabalho árduo; você só precisa parar e ter tempo para curtir a vida com o bebê.

Há muitos pequenos marcos que acontecem junto com os grandes desenvolvimentos: aprender a sentar, engatinhar e segurar uma colher de comida; as tentativas persistentes do bebê de ficar em pé ou cair quando começa a mostrar-se curioso em relação ao mundo; o primeiro sorriso e risada por alguma coisa que você faz; a rápida habilidade em descobrir o bom de uma atividade e depois se divertir; sua primeira olhada lenta por um ambiente e a maneira como seu rosto se ilumina quando a vê; a primeira vez que ele mostra preferência por um alimento e você nota que ele não gosta de cenoura, mas não despreza papinha de

A vida depois da depressão pós-parto   139

pêra; sua alegria ao descobrir que o mundo contém animais — e as primeiras imitações de animais; a maneira como repete as rimas e reage a uma brincadeira de cócegas, que logo está lhe pedindo para repetir; o olhar de surpresa quando ele dá o primeiro passo cambaleante, e um tombo; sua excitação em ir ao parquinho; ver patos no parque; sorvete (a primeira vez e o rosto todo sujo); observá-lo brincando com outras crianças, depois querendo se misturar, e, mais tarde, aprendendo a compartilhar; os carinhos; os beijos; e o rosto angelical quando está dormindo.

A lista não tem fim. Esses são os momentos que me lembro sobre meus filhos, mas você terá muitos mais sobre os seus, o que aquecerá seu coração quando você se lembrar deles. Esses momentos emocionantes mudam conforme seu bebê vai crescendo, mas eles fornecem um caleidoscópio constante de experiências positivas que você continuará vendo através dos tempos, mesmo quando eles se transformarem em perfeitos diabinhos.

O segredo de estabelecer uma vida feliz em família é, como em tudo, o equilíbrio. Quando você tiver conseguido estabelecer um equilíbrio nos cuidados com a criança, no seu relacionamento com aqueles ao seu redor, e também com você mesma, ficará mais fácil lidar com os problemas que surgirem, com uma postura confiante.

SEU PRÓXIMO FILHO

Quando você começa a pensar em ter outro bebê, é natural preocupar-se com a possibilidade de desenvolver novamente a depressão pós-parto.

A primeira coisa a se dizer aqui é que de forma alguma é uma conclusão já dada que você desenvolverá a depressão pós-parto pela segunda vez. Muito depende da gravidade de sua depressão da primeira vez e quais são as circunstâncias em que você se encontra ao ter seu segundo bebê.

140   *Depressão pós-parto*

As pressões que antes existiam e exerceram um papel significativo no desenvolvimento da depressão pós-parto podem não estar mais lá. O parto dessa vez pode ser mais fácil, o segundo bebê pode não chorar com tanta freqüência, seu companheiro — conhecendo suas necessidades — pode ajudar mais. Mas, provavelmente, sua maior defesa para não desenvolver a depressão pós-parto de novo é o fato de você agora estar mais à vontade com a maternidade e seu companheiro também ter se adaptado ao papel de pai. Os pais de "segunda viagem" costumam se preocupar menos com problemas como os cuidados com o bebê, em manter as aparências e em fazer as coisas exatamente da "maneira mais certa", o que significa que o estresse que passaram com o primeiro bebê diminui bastante.

Infelizmente, entretanto, algumas mães desenvolvem a depressão pós-parto mais uma vez com bebês subseqüentes, ainda mais se tiveram depressão pós-parto grave ou sofrem de depressão em geral. Mas pelo menos da próxima vez você estará mais preparada e reconhecerá os sinais da depressão pós-parto se desenvolvendo. Assim, procurará ajuda mais depressa. Os profissionais de saúde com os quais você entrar em contato — tanto durante a gravidez quanto depois do parto — também ficarão mais atentos à sua situação.

Você também pode se ajudar, analisando o que contribuiu para sua última depressão pós-parto e ainda possa ser um problema no momento. Assim você pode tentar evitá-la antes que ela tenha a chance de abatê-la. Isso pode significar que você precisa ter várias pessoas que a apóiam ao seu redor, quando o bebê nascer, ou que precisa ter um tempo só seu todos os dias. Também é válido reler as seções de auto-ajuda deste livro para se preparar para as dificuldades nos cuidados com o segundo bebê, refrescar sua memória sobre como lidar com o estresse e o que fazer para ficar mais confiante e positiva.

A vida depois da depressão pós-parto **141**

A depressão pós-parto é uma doença que pode ser curada, da qual você e sua família podem sair intactos.

"Eu não consigo acreditar em como fiquei, quando penso no que aconteceu", admite Felicity. "O enorme desespero. A debilidade. A culpa por não conseguir amar meu bebê como as outras mães amavam os seus. Mas agora não sei o que faria sem ela. Olho para as fotos de Libby quando recém-nascida e sei que também a amava naquela época. A depressão apenas encobriu meu amor por um período. Ela é uma linda garotinha e me ajudou a não me sentir um fracasso. Sou sua mãe e isso lhe parece suficiente."

Você também poderá relembrar sua depressão pós-parto em algum momento e descobrir que já amava seu bebê, mesmo sob a escuridão — e isso é tudo que qualquer criança quer de seus pais.

Notas

1. *The Lancet*, 6 de abril de 1996, v. 347, nº 9.906.
2. *British Medical Journal*, 9 de abril de 1994, v. 308, nº 6.934.
3. *Parenting in the 1990s* (Paternidade nos anos 90): relatório da Unidade de Pesquisa de Estatísticas Sociais, City University, Londres, publicado em 1996.
4. *British Medical Journal*, 1996, v. 313: 253-8.
5. *The Lancet*, fevereiro de 1996, v. 347.

Leituras complementares

PERDAS

Markham, U. *Bereavement: Your Questions Answered*, Element, 1996. (Uma leitura de apoio e informativa se você perdeu um bebê.)

ALEITAMENTO MATERNO

Renfrew, M., Fisher, C. e Arms, S. *Getting Breastfeeding Right for You*, Celestial Arts, 1190. (Um livro de apoio excelente para você se adaptar à amamentação.)

TERAPIA COMPLEMENTAR

Curtis, S. *Essential Oils*, Aurum, 1996.

Schmidt, S. *Inner Harmony Through Bach Flowers*, Time-Life, 1997. (Guia para usar os florais de Bach.)

Worwood, V. A. *The Fragrant Pharmacy*, Bantam, 1995. (Guias úteis sobre como usar a aromaterapia em casa.)

DEPRESSÃO

Breton, S. *Depression: Your Questions Answered*, Element, 1996. (Uma introdução informativa sobre a depressão e seus tratamentos psicoterapêuticos.)

146 *Depressão pós-parto*

Dalton, K. e Holton, W. *Depression After Childbirth*, Oxford University Press, 1996.

Gilbert, P. *Overcoming Depression*, Robinson, 1997. (Explica o programa preventivo de progesterona do dr. Dalton para a depressão pós-parto.)

Stewart, M. e Stewart, Dr. A. *Everywoman's Health Guide*, Headline, 1997. (Diretrizes claras sobre uma abordagem nutricional para ajudar nos problemas de saúde da mulher, incluindo a depressão.)

INFERTILIDADE

Bryan, E. e Higgins, R. *Infertility New Choices, New Dilemmas*, Penguin, 1995. (Para qualquer pessoa que tenha feito, ou está fazendo, tratamento de fertilidade.)

Índice remissivo

Aconselhamento, 10, 22, 37, 42, 63, 64, 65, 72, 73, 77, 131
Adaptação, 39, 54
Amamentação, 10, 15, 24, 29, 71, 90, 93, 105, 106-110, 113, 122, 129
Anemia, 19-20, 22, 39
Antes do parto
depressão, 37, 43
complicações, 38, 43
Antidepressivos — *ver* Terapia medicamentosa
Apoio, 9, 14, 22, 29-32, 33, 35, 43, 118-9, 122, 123, 131, 140
organizações de, 14, 109, 124, 126, 133

Baby blues, 8, 14, 28, 39

Cansaço, 19, 39, 57, 105, 111, 112
Choro, 10, 14, 29, 32, 84, 99, 105, 115-9, 122, 140
Complicações, 38
Comunicação, 41, 45, 52, 53, 54, 55, 115, 116, 123, 129, 137
Concepção assistida, 124-7

Depressão, 13, 16, 17, 37, 43, 45, 58-9, 63, 77, 90, 92, 141
Dificuldades financeiras, 34-5, 43, 57
Doença(s), 17, 122, 127-31
Dopamina, 25, 77

Eletroconvulsoterapia (ECT), 67-8
Emoções, 21, 33, 40, 42, 45, 46, 48, 51, 64, 81, 86, 119, 127, 128, 129, 131
Erva-de-são-joão, 77-8
Essências florais, 80-1
Estatísticas, 8, 14, 20, 25, 28, 39, 58, 59, 88, 107, 111, 121
Estresse, 28, 74, 96-101, 106, 140
Exercícios de respiração, 86, 99, 100
Exercícios, 93-6, 112

Fatores de risco, 29-43

Hormônios, 14, 20, 25, 26, 27, 40, 124
neurotransmissores, 27
Hospitalização, 16, 51, 67, 122, 128

148 *Depressão pós-parto*

Incapacidade, 48, 121, 127-31
Infanticídio, 51
Insônia, 45, 93

Maternidade, 7, 9, 24, 40, 41, 43,
57, 64, 123, 125
Morte, 42, 43, 122, 132-33

Neurotransmissores, 25, 68,
90, 94
Noradrenalina, 25, 27, 69, 77, 89
Norepinefrina — ver
noradrenalina
Nutrição, 76, 89-93

Óleos essenciais, 77, 78-9, 103

Pais, 30, 35, 56-9
Parto de múltiplos, 43, 121, 122
Parto, 8, 13, 24, 37, 38, 42, 43, 121,
125, 140
Peso, 17, 19, 91-2
Pós-parto
complicações, 38, 43
psicose — ver psicose puerperal
Postura, 101
Problemas de tireóide, 20, 22, 25
Psicose puerperal, 15-6, 51, 67
Psicoterapia, 10, 37, 42, 51, 63, 64,
65-7, 71, 72, 73, 77, 83
Psiquiatria, 67

Relacionamento
com o companheiro, 31, 32,
35-6, 43, 57, 60, 65, 66, 87,
97, 137
com o bebê, 52-6, 129
com outras crianças na família,
59-61, 66
Relaxamento, 74, 75, 76, 86,
96, 97, 98, 99-101, 103, 112,
118, 131

Serotonina, 25, 27, 69, 70, 77, 89
Síndrome pré-menstrual,
27, 78, 89
Sintomas, 14, 17-9, 73
Sono
mãe, problemas de, 9, 17, 29,
45, 93, 113
em bebês, problemas de,
87, 105, 111-5
Suicídio, 18, 50-1, 90

Terapia medicamentosa, 10, 37,
63, 66, 68-72, 77
Terapias alternativas — *ver*
terapias complementares
Terapias complementares, 10, 37,
63, 71, 72-6, 81, 97
auto-ajuda, 76-60
Tranqüilizantes, 20, 71

A Autora

Erika Harvey foi editora de *Here's Health* e *Parents*, e agora trabalha como escritora *freelance* para várias revistas sobre saúde, cuidado infantil e interesse geral. É membro do *Guild of Health Writers*.

Impresso em off set

Rua Clark, 136 – Moóca
03167-070 – São Paulo – SP
Fonefax: (0XX) 6605 - 7344
E - MAIL - bookrj@uol.com.br

com filmes fornecidos pelo editor

----------- dobre aqui -------------

ISR 40-2146/83
UP AC CENTRAL
DR/São Paulo

CARTA RESPOSTA
NÃO É NECESSÁRIO SELAR

O selo será pago por

SUMMUS EDITORIAL

05999-999 São Paulo-SP

----------- dobre aqui -------------

DEPRESSÃO PÓS-PARTO

CADASTRO PARA MALA DIRETA

Recorte ou reproduza esta ficha de cadastro, envie completamente preenchida por correio ou fax, e receba informações atualizadas sobre nossos livros.

Nome: _____ Empresa: _____
Endereço: ☐ Res. ☐ Coml. _____ Bairro: _____
CEP: _____-_____ Cidade: _____ Estado: _____ Tel.: ( ) _____
Fax: ( ) _____ E-mail: _____ Data de nascimento: _____
Profissão: _____ Professor? ☐ Sim ☐ Não Disciplina: _____

1. Você compra livros:
☐ Livrarias ☐ Feiras
☐ Telefone ☐ Correios
☐ Internet ☐ Outros. Especificar: _____

2. Onde você comprou este livro? _____

3. Você busca informações para adquirir livros:
☐ Jornais ☐ Amigos
☐ Revistas ☐ Internet
☐ Professores ☐ Outros. Especificar: _____

4. Áreas de interesse:
☐ Psicologia ☐ Comportamento
☐ Crescimento Interior ☐ Saúde
☐ Astrologia ☐ Vivências, Depoimentos

5. Nestas áreas, alguma sugestão para novos títulos? _____

6. Gostaria de receber o catálogo da editora? ☐ Sim ☐ Não
7. Gostaria de receber o Ágora Notícias? ☐ Sim ☐ Não

Indique um amigo que gostaria de receber a nossa mala direta

Nome: _____ Empresa: _____
Endereço: ☐ Res. ☐ Coml. _____ Bairro: _____
CEP: _____-_____ Cidade: _____ Estado: _____ Tel.: ( ) _____
Fax: ( ) _____ E-mail: _____ Data de nascimento: _____
Profissão: _____ Professor? ☐ Sim ☐ Não Disciplina: _____

Editora Ágora
Rua Itapicuru, 613 Conj. 72 05006-000 São Paulo - SP Brasil Tel (11) 3872 3322 Fax (11) 3872 7476
Internet: http://www.editoraagora.com.br e-mail: agora@editoraagora.com.br